Ein herzliches
WILLKOMMEN
an alle!

Sommer

Jens Linder und
Johanna Westman

Sommer

Die schönsten Rezepte
für sonnige Tage

Übersetzung Julia Gschwilm
Fotos Ulrika Pousette
Collagen Pia Koskela

Hölker Verlag

INHALT

Vorwort

Lasst uns zusammen den Geschmack des Sommers genießen!

Das ganze Jahr über träumen wir vom Sommer – egal, ob wir mittendrin sind oder durch Schneewehen stapfen, während die Kälte uns in die Wangen zwickt. In der Welt der Träume ist fast immer Sommer. Wir grillen im Hemd und breiten unsere Picknickdecke auf einer grünen Wiese aus, wir lassen uns Kaffee und Kuchen im Schatten einer Birke schmecken, und wir tragen das Essen in den lauen Abend hinaus.

Der Sommerurlaub duftet nach Rhabarber, reifen Himbeeren, neuen Kartoffeln und gegrilltem Fleisch. Das Gemüse schmeckt nach Sonne und Wärme, das Beet strotzt vor grünen Kräutern, und in der Bucht tummeln sich die Fische, bereit, geangelt und gegrillt zu werden.

Der Sommer ist die Zeit der großen Feste und der einfachen Mittagessen. Wir wollen nicht so viel Zeit in der Küche zubringen, aber an den Abenden lange am Gartentisch sitzen. Ja, es gibt einfach so viel Leckeres, das man zwischen den Deckeln eines Sommer-Kochbuchs sammeln kann. Und das haben wir gemacht! Wir sind zwei Kochfanatiker und haben mit Vergnügen die sommerlichsten Gerichte getestet. Wir haben die Rezepte zusammengesucht, die die einzelnen Zutaten am besten zur Geltung bringen, und wir haben alles im Grünen Probe gegessen.

Für dieses Buch sind wir nach Trosa und Tranås gefahren, wir haben in winzigen Küchen gekocht, und wir haben viele Feste arrangiert. Wir haben Tipps und Anregungen gesammelt, die das Leben im Sommer entspannter, gemütlicher, schöner und leckerer machen. Und all das, damit ihr einen wunderbaren Sommerurlaub erlebt!

Sonnige Grüße

Jens und Johanna

Große Feste

Der Sommer ist die Zeit der Abiturfeiern, Tauffeste und Hochzeiten. Große, lustige Partys mit Verwandtschaft und lieben Freunden, bei denen man im weichen Abendlicht mit etwas Kühlem im Glas und Sommergeschmack auf dem Teller zusammen Zeit verbringt. Aber große Feste erfordern Planung – Gerichte für viele Gäste, Essen, das lange draußen stehen kann, und Geschmäcker, die gut zusammenpassen und jeder mag. Wir lieben Feste in allen Formen und finden gerne einen Grund zu feiern. Und warum muss man eigentlich immer einen Grund haben? Man kann ja auch einfach feiern, dass der Sommer da ist!

** . . . ja tuvassa kahvitellaan
. . . på kaffe med dopp
Coffee is served in the hut
. . . beim Kaffee

Mango

Bellinibuffet

Der Bellini ist ein perfekter Sommerdrink: einfach, aber raffiniert und superfrisch. Traditionell wird er mit Püree aus weißen Pfirsichen gemacht, aber ihr könnt auch gut andere Früchte verwenden, die ihr gerade zu Hause habt und gerne mögt. Warum nicht mehrere Fruchtpürees zubereiten und beim Sommerfest ein Bellinibuffet servieren? Die Pürees solltet ihr vorher am besten kühlen.
Eine Flasche trockener Schaumwein, z. B. Prosecco, reicht für 6 Personen. Für eine alkoholfreie Variante kann man auch Apfelschorle verwenden.

PFIRSICHPÜREE

1 Pfirsich pro Person, gewaschen, entkernt und püriert.

ERDBEERPÜREE

5 Erdbeeren pro Person, gewaschen, geputzt und püriert. Evtl. ein paar Tropfen Zitronensaft zufügen.

MANGOPÜREE

1 Mango für 6 Personen, geschält, entkernt und püriert. Mit etwas Zucker abschmecken.

SANDDORNPÜREE

25 g gefrorene Beeren pro Person, püriert und passiert. Mit Zucker abschmecken.

1 EL Püree in jedes Glas geben, zum Servieren mit Schaumwein aufgießen und umrühren.

Sommerbowle

Frisch und sprudelnd für jede Art von Sommerfest.

ERGIBT 6 PORTIONEN

Bowle mit Früchten, Ingwer und Limette
Ca. 500 g Früchte, in Spalten oder Scheiben (z. B. Apfel, Pfirsich, Mango, Erdbeeren)
1 EL geriebener frischer Ingwer
1 Limette, in Spalten
1 Stängel frische Minze
Eiswürfel
1 Flasche Cava oder trockener Schaumwein (¾ l)
½ l Ginger Ale

1. Eine Karaffe oder Bowleschüssel mit Früchten, Ingwer, Limette, Minze und Eiswürfeln füllen.

2. Kurz vor dem Servieren mit Schaumwein und Ginger Ale aufgießen.

BOWLE MIT FRÜCHTEN, MINZE UND COINTREAU

1 Flasche fruchtiger Weißwein
10 cl Cointreau
1 Stängel frische Minze
Ca. 500 g Früchte, in Spalten oder Scheiben (z. B. Apfel, Orange, Pfirsich, Erdbeeren)
½ l Mineralwasser oder Sodawasser
Eiswürfel

1. Wein und Cointreau in eine Karaffe oder Bowleschüssel gießen. Minze und Früchte zufügen. Eine Weile kalt stellen.

2. Kurz vor dem Servieren mit Mineral- oder Sodawasser und Eiswürfeln auffüllen.

Für noch mehr Fruchtgeschmack könnt ihr Eiswürfel aus Apfelsaft machen.

So viel braucht man

AUF DEM BUFFET	PRO PERSON
Fleisch/Wurst	50 g
Hühnchen	50 g
mit Knochen	75–100 g
Fisch und Meeresfrüchte	50 g
Garnelen	100 g
Kartoffeln als Beilage	100–150 g
Quiche	100–125 g
Salat	50 g
Kalte Saucen	2–3 EL
Vinaigrette	½–1 EL
Brot	50 g
Knäckebrot	15 g
Käse	20 g

PORTIONIERTES ESSEN	PRO PERSON
Fleisch/Fisch/Hühnchen	125–150 g
Kartoffeln	200 g
Reis/Pasta/Couscous/Bulgur	60 g
Gemüse	50–75 g
Grüner Salat	30 g

SUPPE	PRO PERSON
Als Vorspeise	150–200 ml
Als Hauptgericht	300 ml

WEIN UND SCHNAPS

1 Flasche Wein (¾ l) = 6–8 Gläser
(rechnet mit 2–3 Gläsern pro Gast)
1 Flasche Dessertwein (¾ l) = 12–14 Gläser
1 Flasche Schnaps (700 ml) = ca. 20 Gläser

Belegte Brote

Sandwiches und Kanapees könnt ihr zu was Besonderem machen, indem ihr sie mit Ausstechformen oder normalen Gläsern rund, oval oder viereckig aussticht. Mit Butter bestreichen und verschiedenen Zutaten belegen.

GUTE KOMBINATIONEN SIND:

- **Krabbensalat und Maränenkaviar**
- **Pancetta, Radieschen und Staudensellerie**
- **Zwiebeln und glatte Petersilie**
- **Käse und Schinken**
- **Gebeizter Lachs, Flusskrebsschwänze, Zwiebeln, Tomate und Salat**
- **Gurke und Räucherlachs**
- **Gereifter Hartkäse und Radieschenscheiben**
- **Kaviar, Ei und Schnittlauch**
- **Salami und dünn geschnittener Staudensellerie**
- **Blauschimmelkäse und fein gehackte Rosinen**
- **Hamburgerfleisch und Meerrettich**
- **Chorizo und Manchego**
- **Zwiebelwurst und grüner Salat**
- **Leberpastete und gebratene Pilzscheiben**
- **Dünn aufgeschnittene Kalbssülze und eingelegte Rote Bete**
- **Roastbeef, Sauerkraut und geröstete Zwiebeln**
- **Bacon, Salat und Tomate**
- **Frikadelle, Spiegelei und Bostongurka (schwedische Spezialität aus gehackten Gewürzgurken)**
- **Camembert und Walnüsse**
- **Kalte Rinderbrust, grobkörniger Senf und Salzgurke**
- **Salami und Brie**
- **Köttbullar und Rote-Bete-Salat**

Garnelenmus

200 g gehackte Garnelenschwänze mit 100 g Mayonnaise und 1 EL gehacktem Schnittlauch, ½ TL gehacktem Knoblauch, 2 EL gehacktem Dill oder 2 EL geriebenem Fenchel vermengen. Mit Salz und Pfeffer abschmecken. Das Mus auf 8–10 kleine Brote streichen.

GEGRILLTER CHICORÉE

Wenn ihr Bitteres mögt, probiert Chicorée vom Grill. Macht dasselbe Dressing wie zum gegrillten Gemüse rechts, aber fügt noch 1 TL Honig zu, um die Bitterstoffe etwas auszugleichen, und würzt es mit Thymian. Den Chicorée längs halbieren oder vierteln und wie im Rezept rechts grillen.

Verdure alla griglia

– gegrilltes Gemüse

Wenn man es sich einfach machen will, kann man leckere kalte Fleisch- und Wurstwaren und Käse kaufen und dann Gemüse dazu grillen. Als Sättigungsbeilage passt hierzu gut ein Bulgur- oder Couscoussalat.

ERGIBT 6–8 PORTIONEN

FÜR DAS GEMÜSE:
1 Aubergine
1 Zucchini
Je 1 rote und gelbe Paprikaschote
250 g grüner Spargel
Salz

FÜR DAS DRESSING:
Ca. 100 ml Olivenöl
Saft von ½ Zitrone
Salz und frisch gemahlener Pfeffer

FÜR DIE GREMOLATA:
Abrieb von 1 Bio-Zitrone
2 EL fein gehackte glatte Petersilie
2 fein gehackte Knoblauchzehen

1. Das Gemüse waschen und putzen. Die Aubergine in ca. 5 mm dicke Scheiben schneiden, mit etwas Salz bestreuen und aufeinandergestapelt in ein Sieb legen. Einen Teller daraufstellen, der ins Sieb passt, und beschweren. Die Aubergine mindestens 1 Stunde abtropfen lassen. Dann die Scheiben mit kaltem Wasser abspülen und mit Küchenpapier trocken tupfen.

2. Den Ofen auf 100 °C vorheizen. Die Zucchini in dünne Scheiben schneiden (2–3 mm), diese auf ein Blech legen und 10 Minuten im Ofen trocknen.

3. Jede Paprikaschote von Samen und Scheidewänden befreien und das Fruchtfleisch in 6–8 Spalten schneiden.

4. Das holzige Ende des Spargels abbrechen.

5. Das Gemüse nach und nach auf beiden Seiten bei starker Hitze in einer Grillpfanne oder auf dem Grill garen. Die Gemüsesorten brauchen unterschiedlich lange, bis sie weich sind und sich Grillstreifen abzeichnen, also die ganze Zeit achtgeben! Auf einer Platte anrichten.

6. Für das Dressing alle Zutaten verrühren.

7. Zitronenabrieb, Petersilie und Knoblauch zu einer Gremolata mischen.

8. Kurz vor dem Servieren das Dressing über das Gemüse träufeln. Die Gremolata und nach Belieben einen guten zerbröselten Ziegenkäse oder gehobelten Parmesan darüberstreuen. Das Gemüse lauwarm servieren. Es hält sich ein paar Tage im Kühlschrank.

Festtipps

- Planung ist alles! Erstellt eine Checkliste und trefft Vorbereitungen.
- Denkt ganzheitlich – vielleicht fällt euch ein Motto für das Buffet ein?
- Probiert die Gerichte vorher aus oder wählt welche, die ihr gut kennt, dann seid ihr auf der sicheren Seite.
- Besser zu viel als zu wenig! Übrig gebliebenes Essen lässt sich fast immer einfrieren. Am besten nicht alles gleichzeitig hinstellen, sondern immer wieder nachlegen.
- Denkt an alle Gäste und serviert immer auch etwas leckeres Alkoholfreies. Findet auch heraus, ob es Allergien zu berücksichtigen gibt.
- Bittet um Hilfe! Sucht euch jemanden, der das Geschirr abräumt, damit ihr euch mit den Gästen unterhalten könnt.
- Schafft genügend Platz im Kühlschrank.

Fadenkäsesalat

Der aus Syrien stammende Fadenkäse (auch Zopfkäse genannt) besteht aus langen Strängen, die geflochten und eingelegt werden. Normalerweise teilt man die gesalzenen Stränge und spült sie drei- bis viermal aus. Man sollte sie jedoch nicht zu lange im Wasser liegen lassen, sonst quellen sie auf und werden zu weich. Die Konsistenz ist herrlich, nicht krümelig wie Feta, sondern zäh-steif wie ein festerer Mozzarella. Wir würzen Fadenkäse gerne mit Baharat, aber man kann ihn auch ungewürzt nur mit etwas Olivenöl servieren. Baharat gibt es von Nordafrika über die Türkei und die arabische Halbinsel bis in den Iran in vielen Variationen. Die meisten haben Kreuzkümmel, Zimt und Paprika als Basis. Dies ist eine milde, aber sehr aromatische Variante mit wenig Schärfe.

ERGIBT 4 PORTIONEN

150–200 g Fadenkäse (auch als Zopfkäse online erhältlich)
2 Tomaten, gewürfelt
½ Gurke, gewürfelt
Etwas grüner Salat nach Wahl, in mundgerechten Stücken
Evtl. schwarze Oliven
Evtl. fein geschnittene rote Zwiebel
Etwas mildes Olivenöl
Saft von ½–1 Zitrone

FÜR DAS BAHARAT (GEWÜRZMISCHUNG):

3 EL schwarze Pfefferkörner
1½ EL Koriandersamen
1½ EL gemahlener Zimt
¼ TL gemahlene Nelken
3 EL gemahlener Kreuzkümmel
1½ EL frisch geriebene Muskatnuss
3 EL mildes Paprikapulver

1. Den Käse in lange Fäden teilen und 30 Minuten in kaltes Wasser legen. Das Wasser ein paarmal wechseln. Probieren, wie salzig er ist. In einem Sieb abtropfen lassen.

2. Alle Gewürze für die Baharat-Mischung in einer kleinen Kaffeemühle oder einem Mixer mahlen oder in einem Mörser zerstoßen. Gut vermischen und in einem luftdichten Behälter aufbewahren.

3. Den Käse mit 2 EL Gewürzmischung vermengen.

4. Käse, Gemüse sowie Oliven und Zwiebel nach Belieben auf einer Platte oder in einer Schüssel anrichten. Mit etwas Olivenöl und Zitronensaft beträufeln. Sofort servieren.

Kartoffelsalat-Variationen

Obwohl es einfach ist, einen guten Kartoffelsalat zu machen, essen manche hartnäckig Fertigprodukte, die nach billigem Essig und schlechten Kartoffeln schmecken. Wer einen besonders deftigen Salat will, kann etwas Brühe aufkochen, über die Kartoffeln gießen und dann abkühlen lassen. Anschließend Vinaigrette und andere Zutaten zufügen. Man kann auch einen ungemischten Kartoffelsalat servieren, bei dem jeder seine eigene Portion zusammenstellt.

ERGIBT 4 PORTIONEN

1 kg aromatische Kartoffeln mit oder ohne Schale
1–2 TL Salz pro Liter Wasser

VERSCHIEDENE SAUCEN:

- **150 g Mayonnaise**
- **300 g saure Sahne (am besten abgetropft) + Salz**
- **1½ EL frisch gepresster Zitronensaft oder Essig + Salz + schwarzer oder weißer Pfeffer + 3 EL Öl**

VERSCHIEDENE GESCHMACKSRICHTUNGEN:

- **100 g gewürfelter oder zerbröselter Feta, schwarze Oliven, rote Zwiebelringe**
- **100 g gewürfelter oder zerbröselter Ziegenkäse, 1 EL Honig, 1 TL fein gehackter frischer Rosmarin**
- **1 Stange gehackter Lauch, 2 EL Kapern**
- **100 g frischer Spinat, 50 g fein gehackte Sardellen, 1 gepresste Knoblauchzehe**
- **Je 1 EL fein gehackter Schnittlauch, Petersilie und Dill**
- **Streifen von 1 gerösteten, enthäuteten roten oder gelben Paprikaschote**
- **100 g zerbröselter Blauschimmelkäse, 2 EL fein gehackte Nüsse, 1 Stange Staudensellerie, in dünnen Scheiben**
- **Gute 3 EL gehackte Salz- oder Essiggurken, ca. 150 g abgetropfte Silberzwiebeln**
- **200 g gekochte, grob gehackte Wachsbohnen oder grüne Bohnen**
- **50–100 g Kaviar, 2 EL fein gehackter Dill, 1 TL Zitronenabrieb**
- **½ Schale Kresse, 1 TL Dijonsenf, 40–50 g geriebener würziger Käse**
- **200 g gebratene Pilze, 1 gepresste Knoblauchzehe, 1 EL fein gehackter frischer Thymian**
- **1 fein gehackte rote Chilischote, 1 TL gemahlener Kreuzkümmel, 1 EL fein gehackte Petersilie**

1. Die Kartoffeln in Salzwasser kochen, bis sie gar, aber noch bissfest sind. Abgießen und abkühlen lassen.

2. Sauce nach Wahl darübergeben und alles mit einer der Zutatenkombinationen vermengen. Salz und Säure den jeweils verwendeten Zutaten anpassen.

3. Den Kartoffelsalat zu kalten Fleisch- und Wurstwaren oder Gegrilltem servieren.

Bulgursalat
mit Tomate, Minze und Petersilie

Dieser aromatische Salat ist von der libanesischen Küche inspiriert und lässt sich mehrere Stunden im Voraus zubereiten. Stellt ihn in diesem Fall in den Kühlschrank und gießt das Dressing erst kurz vor dem Servieren darüber.

ERGIBT 4 PORTIONEN

10 Kirschtomaten (gelbe und rote)
½ Gurke
Ein paar Salatblätter
Evtl. 1 kleine Gemüse- oder Frühlingszwiebel, in dünnen Ringen
140 g gekochter Bulgur
50 g gehackte frische Petersilie
25 g gehackte frische Minze

FÜR DAS DRESSING:

50 ml frisch gepresster Zitronensaft
50 ml Olivenöl
½ TL Salz
Frisch gemahlener schwarzer Pfeffer

1. Für das Dressing Zitronensaft, Olivenöl, Salz und Pfeffer verrühren.

2. Die Tomaten waschen und in dünne Spalten schneiden. Die Gurke evtl. schälen, längs halbieren und die Kerne mit einem Löffel herauskratzen. Das Fruchtfleisch in große Würfel schneiden. Die Salatblätter waschen, trocken schleudern und in mundgerechte Stücke zupfen. Die Zwiebelringe in kaltes Wasser legen, damit sie milder und knackiger werden.

3. Bulgur, Salat, Tomaten, Gurke, Petersilie, Minze und Dressing vermengen. Den Salat abschmecken.

4. Mit Zwiebelringen garnieren und als Beilage zu gegrilltem Fleisch oder Fisch servieren.

Gebratener Schweinerücken
mit Limette und Ingwer

Wenn ihr das Fleisch, das von guter Qualität sein sollte, in dünne Scheiben geschnitten serviert, reicht es für viele Leute. Zu einem Buffet mit asiatischem Touch passt ein leckerer Nudel- oder Kartoffelsalat (s. S. 19). Gedünsteter grüner Spargel mit Zitrone und zerlassener Butter schmeckt ebenfalls gut dazu.

ERGIBT 6–12 PORTIONEN, JE NACHDEM, OB ES EIN HAUPTGERICHT ODER TEIL EINES BUFFETS IST

1 kg ganzer Schweinerücken ohne Knochen (das Fleisch eine Weile vor der Zubereitung aus dem Kühlschrank nehmen)
1 EL Butter
1 EL Olivenöl
2 EL flüssiger Honig
1 entkernte, fein gehackte rote Chilischote
4 fein gehackte Knoblauchzehen
2 EL geriebener frischer Ingwer
2 TL Salz
Abrieb und Saft von 1 Bio-Limette
Salz und frisch gemahlener schwarzer Pfeffer

AUSSERDEM:

Glatte Petersilie oder Koriander
2–3 Limetten, in Spalten

1. Den Ofen auf 150 °C vorheizen.

2. Das Fleisch in einer großen Pfanne in Butter und Öl anbraten, bis es rundherum Farbe bekommen hat. Das Bratfett aufheben und das Fleisch in eine ofenfeste Form legen.

3. Den Honig mit Chili, Knoblauch, Ingwer, Salz und Limettenabrieb vermengen. Das Fleisch sorgfältig mit der Marinade einreiben.

4. Das Fleisch im Ofen braten, bis es eine Kerntemperatur von 70 °C hat. In Alufolie einwickeln und ca. 10 Minuten ruhen lassen. Anschließend in dünne Scheiben schneiden.

5. Währenddessen das aufbewahrte Bratfett in einem Topf erhitzen. 100 ml Wasser und Limettensaft zufügen, aufkochen, verrühren und mit Salz und Pfeffer abschmecken.

6. Den Jus über das in Scheiben geschnittene Fleisch gießen und mit Petersilie oder Koriander garnieren. Mit Limettenspalten servieren.

Tjälknöl

Zu Abiturfeiern und anderen sommerlichen Festen empfehlen wir Tjälknöl aus Kalbsbraten. Normalerweise verwendet man für dieses typisch schwedische Gericht Wild, aber Tjälknöl aus Kalbfleisch wird besonders zart und sehr lecker. Man brät das Fleisch, bis es eine Kerntemperatur von 65 °C hat. Das kann abhängig von der Form des Bratens unterschiedlich lange dauern.

ERGIBT 6–8 PORTIONEN

1 kg TK-Kalbsbraten ohne Knochen (oder Hirsch-, Reh- oder Lammbraten)
2 TL Koriandersamen
2 Lorbeerblätter
1 TL zerstoßener schwarzer Pfeffer
2 TL Fenchelsamen
2 EL Zucker
4 geschälte Knoblauchzehen
125 g Salz

1. Das gefrorene Fleisch auf einen Rost mit einer Fettpfanne darunter legen. Auf unterster Schiene in den kalten Ofen stellen. Die Temperatur auf 70 °C schalten.

2. Wenn das Fleisch nach ca. 4 Stunden aufgetaut ist, ein Bratenthermometer in die dickste Stelle stecken. Das Fleisch herausnehmen, wenn das Thermometer 65 °C anzeigt oder das Fleisch ca. 10 Stunden im Ofen war.

3. Die Koriandersamen in einem Mörser leicht zerstoßen, sodass sie etwas aufspringen. Die Lorbeerblätter zerkrümeln. 1 l Wasser, Gewürze, Zucker, Knoblauch und Salz aufkochen und 1 Minute köcheln lassen.

4. Das Fleisch in eine Schüssel legen. Den heißen Sud darübergießen und das Fleisch abgedeckt an einem kühlen Ort ca. 8 Stunden im Sud ziehen lassen.

5. Das Fleisch herausnehmen und trocken tupfen. In dünne Scheiben schneiden.

6. Das Fleisch kalt mit Kartoffelsalat (s. S. 19) servieren. Sauerkraut oder anderes fermentiertes Gemüse passt auch gut dazu.

Vitello Tonnato aus Kalbsfilet

mit gerösteten Kirschtomaten

Traditionell wird dieses himmlische italienische Sommergericht aus Kalbsbraten gemacht, der in Wein gekocht wurde (s. rechts), und wenn ihr es für richtig viele Gäste machen wollt, ist das auch die beste Lösung. Aber für eine etwas kleinere Feier ist diese Zubereitungsart absolut perfekt.

ERGIBT 6–12 PORTIONEN

800 g Kalbsfilet
2 EL Olivenöl
Salz und frisch gemahlener schwarzer Pfeffer

FÜR DIE SAUCE:
170 g Thunfisch
4 Sardellen
2 EL Kapern
2 EL frisch gepresster Zitronensaft
1 Eigelb und 100 ml Olivenöl (oder 50–100 g Mayonnaise)
Ca. 50 ml Fleischbrühe

FÜR DIE GERÖSTETEN KIRSCHTOMATEN:
15 Kirschtomaten
2 EL Olivenöl
Salz und frisch gemahlener schwarzer Pfeffer

AUSSERDEM:
2 EL Kapern
Ein paar Rucolablätter

1. Den Ofen auf 125 °C vorheizen.

2. Die Kirschtomaten waschen, halbieren, in Olivenöl wenden und in eine große ofenfeste Form legen. Salzen und pfeffern. Die Tomaten ca. 1½ Stunden im Ofen rösten.

3. Das Kalbsfilet salzen und pfeffern und rundherum im Öl anbraten. Zusammen mit den Tomaten in den Ofen stellen und ein Bratenthermometer in die dickste Stelle stecken.

4. Das Fleisch herausnehmen, wenn es eine Kerntemperatur von 65 °C hat, in Alufolie wickeln und abkühlen lassen. Anschließend in dünne Scheiben schneiden und auf einer Platte anrichten.

5. Alle Zutaten für die Sauce mixen und über dem in Scheiben geschnittenen Fleisch verteilen. Mit Tomaten, Kapern und Rucola garnieren.

6. Das Fleisch kalt servieren.

VITELLO TONNATO FÜR VIELE

1 Kalbsnuss (ca. 1,2 kg) mit gehackter Möhre, Zwiebeln und Staudensellerie in einen Topf geben. 200–300 ml Weißwein zufügen und mit Wasser bedecken. Mit ein paar Körnern schwarzem Pfeffer, 1 TL Salz und ein paar Salbeistängeln würzen. Aufkochen und köcheln lassen, bis das Fleisch eine Kerntemperatur von 65 °C hat. Das Fleisch herausnehmen und in Folie gewickelt abkühlen lassen. Dann in sehr dünne Scheiben schneiden. Die doppelte Menge Sauce zubereiten (s. links) und mit der Flüssigkeit aus dem Topf verdünnen.

GERÖSTETE KAPERN

Probiert einmal aus, die Kapern in einer trockenen Pfanne zu rösten, bevor ihr das Tonnato damit garniert. Dann werden die Kapern leicht knusprig und besonders aromatisch!

Smörgåstårta

Diese leckere schwedische Smörgåstårta schmeckt schön leicht und frisch und wird mit ihrer luxuriösen Garnitur aus Maränenkaviar, Krustentieren und kurz blanchiertem jungem Gemüse zu einem fantastischen Partygericht. Lichtjahre vom Achtzigerjahre-Mischmasch aus verschiedenen Geschmacksrichtungen und Dosengemüse entfernt.

ERGIBT 8–10 STÜCKE

27 Scheiben weißes Kastenbrot

FÜR DIE KRUSTENTIERCREME:
300 g ungeschälte Garnelen
100 g Flusskrebsschwänze
120 g Krabbenfleisch
200 g Mayonnaise
100 g Crème fraîche
1 EL Senf (z. B. Dijon)
3 EL fein gehackter Dill
4 EL fein gehackte Petersilie
Abrieb von 1 Bio-Zitrone
Salz und frisch gemahlener Pfeffer
Evtl. ein paar Spritzer frisch gepresster Zitronensaft

FÜR DIE SPARGELCREME:
12 weiße oder grüne Spargelstangen (ca. 600 g)
Salz
200 g Crème fraîche
½ TL Dijonsenf
Frisch gemahlener schwarzer Pfeffer

FÜR DAS FRISCHKÄSETOPPING:
2 EL Olivenöl
1 EL frisch gepresster Zitronensaft
2 EL fein gehackte Petersilie
2 EL fein gehackter Schnittlauch
2 EL fein gehackter Dill
200 g Frischkäse

AUSSERDEM:
4 Wachteleier (oder 2 normale gekochte Eier)
3–4 grüne Spargelstangen
Ein paar kleine Blumenkohlröschen
4–5 Radieschen
10–15 Krabben
8 dünne Scheiben geräucherter oder gebeizter Lachs
50 g Maränenkaviar
Essbare Blumen (s. S. 40)
Kleine zarte Salatblätter

1. Die Garnelen für die Krustentiercreme schälen und grob hacken. Flusskrebsschwänze und Krabbenfleisch ebenfalls hacken. In einem Sieb abtropfen lassen.

2. Mayonnaise, Crème fraîche, Senf, Kräuter und Zitronenabrieb verrühren. Die gehackten Krustentiere untermischen und mit Salz, Pfeffer und Zitronensaft abschmecken.

3. Den Spargel für die Creme schälen und die Enden abbrechen. 8–10 Minuten in leicht gesalzenem Wasser kochen (1 TL Salz pro Liter Wasser). Herausnehmen und ausdampfen lassen. Die Spitzen abschneiden (ca. 2 cm) und zum Garnieren beiseitestellen. Die restlichen Stangen in dünne Scheiben schneiden und zusammen mit den übrigen Zutaten für die Spargelcreme und ½ TL Salz in der Küchenmaschine oder mit dem Stabmixer zu einer glatten Masse mixen. Abkühlen lassen.

4. Für das Topping Olivenöl, Zitronensaft und Kräuter mixen. Den Frischkäse zufügen und alles zu einer glatten, luftigen Creme verrühren.

5. Die Wachteleier 6 Minuten kochen.

6. Spargel, Blumenkohl und Radieschen jeweils ein paar Minuten in leicht gesalzenem Wasser blanchieren. Sofort mit kaltem Wasser abschrecken.

7. Das Brot entrinden und so zuschneiden, dass es in eine Springform passt – hier ist etwas Fingerspitzengefühl gefragt. Die Krustentiercreme auf der untersten Schicht verteilen. Eine weitere Schicht Brot darauflegen und mit der Spargelcreme bestreichen. Eine letzte Schicht Brot darauflegen.

8. Den Rand der Springform abnehmen und die Torte mit Frischkäsetopping bestreichen. Anschließend über Nacht abgedeckt in den Kühlschrank stellen.

9. Die Torte mit blanchiertem Gemüse, Wachteleiern, Krabben, Lachs, Maränenkaviar, Blüten und Blättern dekorieren.

VIERECKIGE TORTE

Das Brot auf eine Platte oder in eine eckige Form schichten. Genau wie bei der runden Torte die Füllungen daraufstreichen und garnieren.

WINDSPIEL 1

Bastelt einen farbenfrohen Blickfang und hängt ihn über die sommerlich gedeckte Tafel, dann habt ihr sofort festliche Stimmung im Garten.

Ihr braucht: hübsche Stoffstücke, 1 Metall- oder Bambusring (kann man im Gartencenter kaufen)

1. Die Stoffe in ca. 3 cm breite und 1 m lange Streifen reißen. Um den Ring knoten oder mit einer Schlaufe befestigen.

2. Eine Schnur am Ring anbringen, sodass sich das Windspiel in einem Baum aufhängen lässt.

WINDSPIEL 2

Ein Windspiel aus altem Silberbesteck glänzt hübsch in der Sonne und klimpert angenehm in der warmen Sommerbrise.

Ihr braucht: 1 Drahtbügel aus der Reinigung, Bänder oder Stoffstreifen, 10 unterschiedliche Stücke Silberbesteck (auf dem nächsten Flohmarkt kaufen!)

1. Das Besteck an die Bänder oder Stoffstreifen knoten und diese am Bügel befestigen.

2. Den Bügel im nächsten Baum oder im Küchenfenster aufhängen.

Focaccia

Ein herrliches Brot mit schöner Kruste und vielen leckeren Aromen. Perfekt für ein buntes Buffet!

ERGIBT 12–16 STÜCKE

25 g Hefe
600 ml lauwarmes Wasser (37 °C)
1 TL Salz
3 EL Olivenöl
600 g Weizenmehl (Type 550)
240 g Weizenmehl (Type 405)
100 ml Olivenöl + etwas extra
10–15 Kirschtomaten am Zweig
Evtl. 10–15 schwarze Oliven
1 Zweig frischer oder 1 TL getrockneter Rosmarin
½ EL Fleur de Sel (oder andere Salzflocken)

1. Die Hefe in eine Schüssel bröseln und in etwas lauwarmem Wasser auflösen. Den Rest des Wassers, Salz und Öl zugeben. Den Großteil des Mehls zufügen, aber etwas zum Formen aufsparen. Alles in der Küchenmaschine oder mit den Knethaken des Handrührgeräts zu einem klebrigen, homogenen Teig verarbeiten. Den Teig zugedeckt 1 Stunde gehen lassen.

2. Den Ofen auf 200 °C vorheizen.

3. 100 ml Olivenöl in eine ofenfeste Pfanne gießen. Den Teig auf der bemehlten Arbeitsfläche ausrollen und in die Pfanne legen. Zugedeckt weitere 30 Minuten gehen lassen.

4. Das Brot mit etwas Öl bestreichen und Tomaten, evtl. Oliven und Kräuter in die Teigoberfläche drücken. Mit Fleur de Sel bestreuen. Die Focaccia auf der untersten Schiene des Ofens in ca. 25 Minuten goldbraun backen. Sie ist fertig gebacken, wenn es beim Klopfen auf die Kruste ein dumpfes, hohles Geräusch gibt. Focaccia lässt sich gut einfrieren.

Rhabarber-Cheesecake

Ein Cheesecake ist als sommerlicher Kuchen grandios. Er ist leicht zu machen, und man kann ihn mit allen leckeren Beeren des Sommers variieren. Darüber hinaus hält er sich auch außerhalb des Kühlschranks, wenn man eine Gartenparty feiert. Im Frühsommer macht man ihn mit Rhabarber, später mit frischen Erdbeeren und ein paar Maracujas, und wenn der Sommer sich dem Ende zuneigt, belegt man ihn mit Himbeeren.

ERGIBT MINDESTENS 12 PORTIONEN

100 g zerlassene Butter
12 zerstoßene Digestive-Kekse (Weizen-Vollkornkekse, online erhältlich)
50 g fein gehackte Pekannüsse
2 Eier
125 g Zucker
500 g Frischkäse
Abrieb von 1 Bio-Zitrone + 1 EL Saft
300 ml Schlagsahne oder Crème fraîche
2–3 junge Stangen Rhabarber
85 g Zucker
1½ TL echtes Vanillepulver

1. Den Ofen auf 180 °C vorheizen.

2. Die zerlassene Butter mit Keksen und Pekannüssen vermengen.

3. Eine Springform mit Backpapier auslegen. Die Keksmischung gleichmäßig und fest am Boden der Form andrücken. Den Boden 10 Minuten vorbacken. Herausnehmen und die Ofentemperatur auf 150 °C herunterschalten.

4. Eier und Zucker zu einer hellen Creme schlagen. Frischkäse, Zitronenabrieb, Saft und Sahne oder Crème fraîche untermischen und zu einer glatten Masse verrühren. Die Frischkäsemischung in die Form geben und ca. 1 Stunde backen.

5. Währenddessen den Rhabarber putzen und in ca. 10 cm lange Stücke schneiden. Diese der Länge nach in dünne Spalten schneiden. 100 ml Wasser, Zucker und Vanille aufkochen und 1 Minute köcheln lassen, bis sich der Zucker aufgelöst hat. Den Rhabarber zugeben und den Sud erneut kurz aufkochen, dann Rhabarber und Sud zum Abkühlen in eine Schüssel geben.

6. Den Rhabarber abtropfen und auf den frisch gebackenen Cheesecake legen. Den Kuchen komplett abkühlen lassen und am besten über Nacht in den Kühlschrank stellen.

7. Den Cheesecake nach Belieben mit frischen Himbeeren und ein paar Minzblättern dekorieren.

Eat
MORE SILL!
Leksand
Hogland.
Mittsommerabend

Viele Schweden arbeiten bis zum Mittsommerwochenende, und erst danach beginnt der richtige Sommer mit der schönen Urlaubszeit. Um den Mittsommerabend entspannt anzugehen, sollte man sich in der Küche nicht übernehmen. Auch für Traditionsbewusste gibt es kaum ein Muss. Das Essen sollte nur schön leicht und frisch sein. Vieles wird kalt serviert und lässt sich gut vorbereiten. Und auch die Gäste können verschiedene Gerichte mitbringen. Ob auf einem Hochhausbalkon oder einer schicken Veranda – wichtig ist nur, ausgelassen und in lockerer Atmosphäre zu feiern. Vielleicht färbt sich die Sonne am Horizont rot, vielleicht wird man von lokalen Schauern heimgesucht, aber die Laune wird mit Hering, Schnaps, gutem Käse, neuen Kartoffeln, Eis und frischen Beeren samt familiärer Gesellschaft und Urlaubsstimmung fantastisch sein.

Sommerhering

Bei diesem Rezept wird der Hering mit besonders viel Gemüse eingelegt. Wenn man alles herausfischt, hat man eine ganze Mahlzeit! Der Sommerhering hält sich im Kühlschrank mindestens 1 Woche.

ERGIBT 10–12 KLEINE PORTIONEN

840 g eingelegter Hering (Dose)
1 große oder 2 kleine Möhren
2 Stangen Staudensellerie
1 Kohlrabi oder 4 cm Rettich
2 rote Zwiebeln
2–3 kleine Gurken oder ½ Salatgurke
Ein paar Stängel Schnittlauch, nach Belieben mit Blüten

FÜR DIE MARINADE:
200 ml Branntweinessig (12 %)
340 g Zucker
20 schwarze Pfefferkörner
5 Pimentkörner
2 Lorbeerblätter
2 Nelken

1. Auch fertig gewässerter Hering sollte evtl. erneut ca. ½ Stunde in reichlich kaltes Wasser gelegt werden, bis er schön weich ist. Anschließend gut abtropfen lassen. Wenn der Hering zu fest ist, einfach noch etwas wässern.

2. Das Gemüse putzen, schälen und in Stücke schneiden. Die natürlichen Formen sollten dabei erhalten bleiben.

3. Alle Zutaten für die Marinade mit 600 ml Wasser in einem Topf aufkochen. Das Gemüse bis auf den Schnittlauch zufügen. Den Topf vom Herd nehmen und in einem mit kaltem Wasser gefüllten Spülbecken auskühlen lassen.

4. Den Hering in ca. 1 cm breite mundgerechte Stücke schneiden. Schnittlauch, Hering und Gemüse in ein Einmachglas oder einen Tontopf schichten. Die kalte Marinade darübergießen und für mindestens 24 Stunden in den Kühlschrank stellen.

5. Mit gekochten neuen Kartoffeln servieren.

ZITRONENABRIEB

Achtet darauf, Bio-Zitronen zu kaufen, wenn ihr die Schale verwenden wollt, und sie vor dem Abreiben gründlich zu waschen!

Zitronenhering

Ein leckerer, frischer und sommerlicher Hering, der einfach einzulegen ist.

ERGIBT 8 BUFFETPORTIONEN

840 g eingelegter Hering (Dose)
½ Stange Lauch, in dünnen Scheiben
1 Zitrone, in Scheiben
Zesten von 1 Bio-Zitrone

FÜR DIE MARINADE:
50 ml Branntweinessig (12 %)
85 g Zucker

1. Die Zutaten für die Marinade mit 150 ml Wasser aufkochen und abkühlen lassen.

2. Den Hering abspülen, gut abtropfen lassen und in mundgerechte Stücke schneiden. Mit Lauch, Zitronenscheiben und -zesten in ein sauberes Einmachglas schichten. Die kalte Marinade darübergießen und kalt stellen.

3. Den Hering innerhalb von 1–2 Tagen mit etwas saurer Sahne und fein geschnittenen Kräutern servieren.

Matjes auf Eis

Im Grunde reicht es fast, Matjes pur zu servieren. Der Geschmack ist so intensiv, dass wir ihn normalerweise nur mit etwas Schnittlauch und saurer Sahne essen. Wenn der Matjes richtig kalt auf einem Eisblock angerichtet wird, gewinnt er noch an Frische und bekommt eine schöne Konsistenz. Nehmt am besten Matjes, der schon mehr als ein Jahr in der Dose liegt, er schmeckt leckerer und ist zarter.

ERGIBT 4 NORMALE ODER 8 KLEINE PORTIONEN

4 ganze Matjesfilets (ca. 400 g)
Ca. 3 EL fein gehackter Schnittlauch oder Dill
300 g saure Sahne

FÜR DEN EISBLOCK:
Wasser + Form oder Schüssel

1. Für den Eisblock eine Form oder Schüssel mit Wasser füllen und ca. 4 Stunden in das Gefrierfach stellen. Ab und zu umrühren, dann wird das Eis klarer.

2. Die Heringe abgießen und abtropfen lassen.

3. Den Eisblock auf eine mit einem Handtuch ausgelegte Platte stürzen. Die Filets auf den Eisblock legen. Mit Schnittlauch oder Dill garnieren und mit saurer Sahne und gekochten Kartoffeln servieren. (S. Foto auf S. 32.)

Svecia-Strömling

Strömling lässt sich ausgezeichnet beizen, in Sauce einlegen und als Brotbelag verwenden. Die leckere schwedische Käsesorte Svecia wird häufig unterschätzt. Ihr feiner salziger Geschmack passt aber sehr gut in dieses und andere Gerichte. Kerbel ist die perfekte Kombination dazu, kann aber auch durch Petersilie ersetzt werden.

ERGIBT 8 KLEINE PORTIONEN

150 g Strömlingfilets

FÜR DIE MARINADE:
½ EL Salz
1½ EL Branntweinessig (12 %)

FÜR DIE SAUCE:
100 g grob geriebener gereifter Svecia (online erhältlich, alternativ Edamer)
Gut 3 EL fein geriebener Kerbel (oder Petersilie)
100 g Crème fraîche
Frisch gemahlener weißer Pfeffer
Evtl. ½ TL Dijonsenf

AUSSERDEM:
1 EL Kapern
8 kleine Stücke Knäckebrot
Butter zum Bestreichen
Petersilie, Liebstöckel oder Staudensellerie nach Belieben

1. Die Filets häuten.

2. Für die Marinade 200 ml Wasser mit Salz und Essig in einer Schüssel vermengen und die Filets hineinlegen (sie sollten komplett von der Flüssigkeit bedeckt sein). Über Nacht im Kühlschrank stehen lassen, bis die Filets ganz weiß geworden sind (das ist wichtig, sonst sind sie nicht fertig).

3. Die Filets aus der Marinade nehmen und auf Küchenpapier abtropfen lassen. Alle Zutaten für die Sauce vermengen, dabei etwas Käse aufsparen, und die Filets in die Sauce legen. Vor dem Servieren am besten 2–3 Stunden ziehen lassen.

4. Mit dem restlichen geriebenen Käse, den Kapern und nach Belieben mit ein paar Blättern Petersilie, Liebstöckel oder mit Staudensellerie garnieren.

5. Mit neuen Kartoffeln oder auf Knäckebrot mit Butter servieren. Der Fisch hält sich so ein paar Tage, aber am besten schmeckt er noch am selben Tag, an dem er in die Sauce gelegt wurde.

Mit Holunder gebeizter Lachs

Lachs zu beizen oder zu pökeln ist so einfach, dass es fast verrückt wäre, es nicht zu tun. Dieses Rezept schmeckt zur Blütezeit von Holunder am besten, aber man kann es auch zu anderen Jahreszeiten mit gekauftem Sirup machen.

ERGIBT CA. 10 BUFFETPORTIONEN

900 g ganzes frisches Lachsfilet mit Haut
4 EL Zucker
4 EL Salz
Ca. 1 TL frisch gemahlener weißer Pfeffer
Abrieb von 1 Bio-Zitrone
4 EL Holunderblütensirup
3 EL Gin

AUSSERDEM:
Holunderblüten
1 Zitrone, in dünnen Scheiben
4–5 Radieschen, in dünnen Scheiben

1. Den Lachs ggf. von Fett befreien und in zwei Stücke teilen.

2. Zucker, Salz, Pfeffer und Zitronenabrieb vermengen und den Lachs mit der Mischung einreiben. Die Filets so übereinanderlegen, dass der dicke Teil des einen auf dem dünnen Teil des anderen liegt. Den Lachs in einen großen Gefrierbeutel legen und Holundersirup und Gin zugeben. 2–3 Tage im Kühlschrank beizen lassen. Ab und zu wenden.

3. Den Lachs in dünne Scheiben schneiden und auf einer Platte anrichten. Mit Holunderblüten, Zitrone und Radieschen garnieren.

ROHER LACHS

Früher wurde empfohlen, Lachs, den man roh essen wollte, zuvor 48 Stunden einzufrieren, um eventuelle Bakterien abzutöten. Das ist bei gezüchtetem Lachs nicht mehr nötig.

Kartoffeln in der Tasse

Als Jens vor vielen Jahren den Hofgastwirt Werner Vögeli interviewte, erzählte dieser von seiner Lieblingsspeise, die eigentlich ein schnelles Essen aus den alten Bauerngemeinden im südlichen Tornedalen ist. Man kann die Kartoffeln auch mit Hering, geräuchertem Rentierfleisch oder Fischrogen essen.

ERGIBT 4 PORTIONEN

800 g neue Kartoffeln (oder andere Delikatesskartoffeln)
1 große gehackte gelbe oder rote Zwiebel
100 g gesalzene Butter

1. Die Kartoffeln waschen und mit Schale in ungesalzenem Wasser 15–20 Minuten kochen, sodass sie gar, aber noch bissfest sind. Das Kochwasser aufheben.

2. Die gehackte Zwiebel auf große Kaffeetassen oder Portionsschälchen verteilen. Einen Klecks Butter in jede Tasse geben und kochendes Kartoffelwasser über die Butter gießen. Die Tassen warm halten, bis die Butter geschmolzen ist und die Zwiebeln aromatisch duften.

3. Die Tassen auf einem tiefen Teller mit den Kartoffeln servieren. Die Kartoffeln pellen, in Stücke schneiden und in die Tasse legen. Die Stücke herausfischen und essen.

BLÜTENKRANZ

Zu Mittsommer gehört ein hübscher Kranz – ob auf dem Kopf, am Mittsommerbaum oder auf dem Tisch. Am besten pflückt ihr die Blumen frisch von der Wiese, oder ihr geht in den nächsten Blumenladen.

Ihr braucht: 1 Birkenzweig oder Stahldraht, Blumendraht, Blumen und Blätter, Schere, Messer

1. Den Birkenzweig oder Stahldraht zu einem Kreis biegen und die Größe abmessen, dabei etwas großzügiger vorgehen. Die Enden zusammenbinden. Falls nötig Stahldraht verwenden.

2. Die Blumen und Blätter zu kleinen Sträußchen zusammenstellen. Die Sträußchen um den Ring legen und jedes mit Draht festbinden. Dabei nicht an Draht sparen, und darauf achten, dass alles fest sitzt. Kontrollieren, dass keine Stängel herausstehen.

Lauwarme neue Kartoffeln

mit Spargel, Erdbeeren und Kräuter-Knoblauch-Dressing

Ein herrlich sommerlicher Kartoffelsalat, der zu vielen Gerichten passt. Mit einem leckeren grünen Salat serviert, eignet er sich aber auch gut als Hauptspeise.

ERGIBT 4 PORTIONEN

1 Bund grüner Spargel
Olivenöl
Salzflocken
100 g Haselnüsse
800 g neue Kartoffeln
Ca. 70 g Rucola
15 halbierte Erdbeeren
200 g Ziegenkäse

FÜR DAS KRÄUTER-KNOBLAUCH-DRESSING:
3 Knoblauchzehen
1 kleines Bund Petersilie
1 kleines Bund Basilikum
Ein paar Minzblätter
100 ml Olivenöl
Abrieb von 1 Bio-Zitrone
Salz und frisch gemahlener Pfeffer

1. Den Ofen auf 225 °C vorheizen.

2. Den unteren, holzigen Teil des Spargels abbrechen und die Stangen auf ein Blech legen. Mit etwas Olivenöl beträufeln und mit Salzflocken bestreuen. Die Haselnüsse und die Knoblauchzehen für das Dressing ebenfalls auf das Blech legen. 15–20 Minuten im Ofen rösten. Die Nüsse evtl. etwas früher herausholen, falls sie zu dunkel werden. Die Nüsse in einem Geschirrtuch kneten, sodass sich die Schale löst, und anschließend grob hacken.

3. Die Kartoffeln waschen und halbieren. In Salzwasser gar kochen. Das Wasser abgießen und die Kartoffeln warm halten.

4. Die Kräuter mit dem gerösteten, geschälten Knoblauch mixen. Nach und nach das Öl zufügen. Zitronenabrieb zugeben, alles verrühren und mit Salz und Pfeffer würzen.

5. Kartoffeln und Spargel mit dem Dressing vermengen. Auf einem Rucolabett in einer Salatschüssel servieren. Mit Erdbeeren, zerbröseltem Ziegenkäse und Nüssen bestreuen.

HÜBSCHE EISWÜRFEL

Friert Blüten in Eiswürfel ein und legt sie in eure Sommerdrinks!

Aquavitknäcke

Ich nenne dieses Brot Aquavitknäcke, weil es Dill und Kümmel enthält, die beiden obligatorischen Gewürze in Aquavit (nach EU-Norm). Es ist ein grobes, ländliches Knäckebrot, das gut zum Mittsommerbuffet passt. Die Backzeit hängt davon ab, wie dünn es ausgerollt wird. Wenn es etwas dicker ist, braucht es ein paar Minuten länger. Bleibt in den letzten Minuten an der Ofentür stehen und beobachtet es. Das Brot darf nicht verbrennen, soll aber knusprig werden. Grobes Roggenmehl und Bier geben ihm einen vollen und doch frischen Geschmack.

ERGIBT 4 GROSSE KNÄCKEBROTE

330 ml Lagerbier
50 g Hefe
½ EL Dillsamen
1 EL ganze Kümmelsamen
Ca. 300 g grobes Roggenmehl
Ca. 360 g Weizenmehl + etwas extra
1 EL Salz

1. 200 ml Wasser und Bier leicht erwärmen (auf ca. 37 °C). Die Hefe in die Flüssigkeit bröseln und rühren, bis sie sich aufgelöst hat.

2. Dill und Kümmel in einem Mörser leicht zerstoßen. Zusammen mit Mehl und Salz in die Hefemischung geben. Alles zu einem geschmeidigen, weichen Teig verarbeiten. Zugedeckt in einer Schüssel 30 Minuten gehen lassen.

3. Den Teig in 4 Stücke teilen und jedes Teigstück auf der gut bemehlten Arbeitsfläche zu einem runden, 2–3 mm dicken Fladen ausrollen.

4. Den Ofen auf 225 °C vorheizen.

5. Die Brotfladen auf zwei bemehlte Bleche legen und mit einer Gabel einstechen. Unter einem Geschirrtuch ca. 20 Minuten gehen lassen.

6. Jeweils ein Blech auf mittlerer Schiene backen, bis das Brot eine schöne Farbe hat. Nach der Hälfte der Zeit mit einem Pfannenwender wenden. Jede Seite braucht 5–6 Minuten. Den gesamten Backvorgang genau überwachen. Verschiedene Öfen werden unterschiedlich heiß und der Grat zwischen einem blassen und einem verbrannten Knäckebrot ist schmal.

7. Das Brot trocken in einer luftdicht verschlossenen Dose aufbewahren.

Selbst gemachter Holunderschnaps

Holunder blüht meistens um Mittsommer herum, aber das variiert von Jahr zu Jahr. Ihr könnt auf jeden Fall für das Krebsfest im August Holunderschnaps machen. Passt aber auf, dass ihr echten Holunder verwendet und nicht den giftigen Roten Holunder.

ERGIBT 1 FLASCHE

4–6 Holunderblüten
Ca. 700 ml Schnaps, z. B. Wodka
1 TL Zucker

1. Frische, schöne Holunderblüten pflücken und entweder mit den Blüten nach unten zum Trocknen aufhängen oder sofort verwenden.

2. Die Holunderblüten in einen Behälter geben und den Schnaps darübergießen, sodass sie komplett davon bedeckt sind. Den Deckel schließen und 2–3 Tage stehen lassen. Wenn ihr einen blumigeren Geschmack möchtet, könnt ihr mehr Blüten verwenden und etwas kürzer ziehen lassen.

3. Mit Zucker abschmecken und evtl. mit etwas mehr Schnaps verdünnen, wenn der Holundergeschmack zu stark dominiert.

4. Den Schnaps kühl oder kalt beim Krebsfest servieren.

Sommersalat

Mischt grünen Salat am besten aus verschiedenen Salatsorten zusammen, z. B. eine knackige Sorte wie Eisberg mit dem etwas pfeffrig schmeckenden Rucola, einem frischen, nussigen Feldsalat und vielleicht einigen bitteren Chicoréeblättern. Ein paar Basilikum- oder Minzblätter machen sich auch gut im Salat. Wenn ihr eine leckere Basis habt, könnt ihr euren Sommersalat bis ins Unendliche variieren.

FÜGT EUREM GRÜNEN SALAT SO VIELE WEITERE ZUTATEN HINZU, WIE IHR WOLLT:

- **Kirschtomaten**
- **Fein geschnittener Fenchel**
- **Gehobelte Möhre**
- **Fetawürfel**
- **Gezupfter Büffelmozzarella**
- **Geröstete Nüsse**
- **Gekochte Eierhälften**
- **Frische Garnelen**
- **Warm geräucherte Lachswürfel**
- **Gebratene oder gegrillte Hähnchenstreifen**

FÜR DIE VINAIGRETTE:

1 EL Weißweinessig oder Zitronensaft
3 EL Olivenöl
½ TL Salzflocken
¼ TL frisch gemahlener schwarzer Pfeffer
Evtl. ½ EL Dijonsenf und/oder 1 gepresste Knoblauchzehe

1. Alle Zutaten für die Vinaigrette in einer großen Schüssel verrühren.

2. Den Salat zugeben. Alles erst kurz vor dem Servieren mischen. So bleibt der Salat schön knackig.

Dillköttbullar

Eines von Jens' Paradegerichten! Und eine Erfindung, die auf schwedischen Spezialitäten basiert: Dill und Köttbullar. Die Köttbullar werden im Ofen gegart – das ist praktisch und spart Zeit.

ERGIBT 4 PORTIONEN, CA. 20 GROSSE KÖTTBULLAR

600 g Kalbs-, Lamm- oder gemischtes Hackfleisch
½ EL fein zerstoßene Dillsamen
1 Ei
½ EL schwedischer Senf (online erhältlich)
1 EL Sojasauce
½ EL Salz
Frisch gemahlener weißer Pfeffer
3 EL Mehl

FÜR DIE SAHNESAUCE:

2 Stängel Dill
300 ml Sahne
1 Kalbs-Brühwürfel (oder Rinder-Brühwürfel)
1 Lorbeerblatt
3 EL Butter
2 EL Weizenmehl
1 TL Gelee (z. B. aus Schwarzen Johannisbeeren)
Etwas Salz
Frisch gemahlener weißer Pfeffer

1. Das Hackfleisch mit Dillsamen, Ei, Senf, Sojasauce, Salz und Pfeffer vermengen. 100 ml Wasser und das Mehl in einer Schüssel verquirlen und das Hackfleisch untermischen. Die Masse mit einem Kochlöffel geschmeidig rühren. Erscheint sie zu fest, etwas mehr Wasser zufügen.

2. Den Ofen auf 200 °C vorheizen.

3. Das Hackfleisch mit den Händen oder mithilfe eines Löffels zu Bällchen formen – pro Bällchen ca. 2 EL verwenden.

4. Die Köttbullar auf zwei gefetteten Backblechen verteilen. Im Ofen ca. 20 Minuten braten, bis sie gerade gar sind. (Für noch mehr Röstaromen kann man sie natürlich auch in der Pfanne in Butter braten.)

5. Die Sahnesauce zubereiten, während die Köttbullar im Ofen sind: Dillblättchen von den Stängeln zupfen und fein hacken. Stängel, Sahne, ½ l Wasser, Brühwürfel und Lorbeerblatt in einem Topf mit dickem Boden aufkochen. Einige Zeit köcheln und fast um die Hälfte reduzieren lassen, dann durch ein Sieb gießen.

6. Butter und Mehl mischen und in die Sauce rühren. Köcheln lassen, bis sie eindickt. Das Gelee zufügen und die Sauce mit Salz und Pfeffer abschmecken.

7. Die Köttbullar in einem Topf mit Deckel langsam in der Sauce erhitzen. Vorsichtig rühren, sodass alle mit Sauce bedeckt sind. Dillblättchen einrühren und servieren.

WIR SCHMECKEN IN EINEM JUNI-SOMMERSALAT AM BESTEN:

Blumenkohl, Brokkoli, Dill, Feigen, Schnittlauch, Gurke, Erdbeeren, Kohlrabi, Frühlingszwiebeln, Möhren, Petersilie, neue Kartoffeln, Radieschen, Chinakohl, Eisbergsalat, Rhabarber, Rucola, Zuckerschoten, Spargel, Spinat, Tomate.

ESSBARE BLUMEN

Im Sommer sollte man die Gelegenheit nutzen, Essen und Gebäck mit Blüten und Blütenblättern aus der Natur zu garnieren. Sie sehen nicht nur hübsch aus, sondern schmecken meist auch richtig lecker. Verwendet aber nur Blumen, bei denen ihr euch ganz sicher seid, dass sie essbar sind. Und denkt daran, dass die aus dem Blumenladen gespritzt sind! Hier kommen einige essbare Blumen: Kornblume, Taglilie, Duftpelargonie, Vergissmeinnicht, Gladiole, Schnittlauch, echte Schlüsselblume, Borretsch, Gartengeißblatt, Klee, Lavendel, Duftende Platterbse, Malve, Löwenzahn, Primel, Ringelblume, Rose, Walderdbeer- und Erdbeerblüte, Tagetes, Gänseblümchen, Veilchen.

BUNTER ZUCKER

Wenn man Blütenblätter mit Zucker mörsert, entsteht ein sehr hübscher bunter Zucker, mit dem man seinen morgendlichen Joghurt bestreuen kann.

Pistazienpavlova
mit Lemon-Maracuja-Curd

Pavlova ist eine wundervoll festliche Torte! Das Baiser lässt sich gut im Voraus zubereiten, und man kann die Portion leicht verdoppeln und daraus eine große Torte machen, die für viele reicht. Das Rezept hatte Johanna schon Mitte der 80er-Jahre als Austauschstudentin in Neuseeland dabei. Wenn man keinen Curd machen will, kann man auch einfach fünf Maracujas über die Torte löffeln, bevor man die Sahne daraufgibt, oder 3–4 EL gekauften Lemon Curd unter die Sahne mischen.

ERGIBT 6–8 PORTIONEN

170 g Zucker
4 Eiweiß
1 TL Kartoffelstärke
1 EL Vanillezucker + 1 TL extra
1 TL Branntweinessig (12 %)
3 gehäufte EL gehackte Pistazien (oder andere oder überhaupt keine Nüsse)
200 ml Sahne
100 g türkischer Joghurt (10 %)

FÜR DEN LEMON-MARACUJA-CURD:
100 g Butter
5 Maracujas + 1 extra
2 Eier + 2 Eigelb
145 g Zucker
Abrieb und Saft von 1 Bio-Zitrone

AUSSERDEM:
500 g Erdbeeren oder andere Beeren
Pistazien
Essbare Blumen (s. S. 40)

1. Den Ofen auf 225 °C vorheizen.

2. Die Hälfte des Zuckers mit den Eiweißen mischen und sehr steif schlagen.

3. Kartoffelstärke und 1 EL Vanillezucker mit dem restlichen Zucker vermengen und vorsichtig unter den Eischnee heben. Essig und Pistazien untermischen.

4. Die Baisermasse auf Backpapier löffeln und mit einem Gummispachtel rund formen (Ø ca. 30 cm).

5. Das Blech in den Ofen stellen. Die Hitze auf 150 °C reduzieren und die Pavlova 1 Stunde backen. Anschließend den Ofen ausschalten und das Baiser mindestens 3 Stunden ruhen lassen, bis der Ofen ganz kalt ist (am besten über Nacht).

6. Die Butter für den Curd in einem Topf mit dickem Boden bei niedriger Hitze zerlassen. Das Fruchtfleisch von 5 Maracujas mit einem Stabmixer pürieren und den Saft durch ein Sieb gießen. Eier, Eigelbe und Zucker mit Zitronenabrieb sowie Zitronen- und Maracujasaft vermengen. Die Mischung in die zerlassene Butter gießen und bei niedriger Hitze schlagen, bis der Curd eindickt. Das Fruchtfleisch der übrigen Maracuja unterheben und alles in einen Behälter geben. Abkühlen lassen und bis zur Verwendung kalt stellen.

7. Sahne mit 1 TL Vanillezucker luftig aufschlagen und mit dem Joghurt vermengen. Den Curd gleichmäßig auf dem Baiser verteilen, die Sahnemischung daraufstreichen und die Pavlova mit Erdbeeren, Pistazien und Blüten garnieren.

Erdbeeren nach Belieben

Erdbeeren passen zu so vielem. Probiert euch durch! All diese Zutaten können natürlich auch einzeln verwendet werden.

ERGIBT 10–12 PORTIONEN

3 kg frische Erdbeeren

DAZU:
- **Schlagsahne**
- **Vanilleeis**
- **Crème fraîche**
- **Rotwein**
- **Whiskey, am besten ein milder**
- **Cognac**
- **Champagner**
- **Frisch gepresster Zitronen-, Orangen-, Grapefruit-, Limetten- oder Yuzusaft (Yuzu ist eine ostasiatische Zitrusfrucht)**
- **Zucker, Farinzucker oder Rohrohrzucker**
- **Geschmolzene Schokolade**
- **Frisch gemahlener schwarzer Pfeffer**
- **Minze oder Basilikum, fein gehackt**

1. Die Erdbeeren putzen und wenn nötig kurz waschen. Größere Beeren halbieren.

2. Schüsseln mit den gewünschten zusätzlichen Zutaten hinstellen. Die Mengen könnt ihr euch Pi mal Daumen ausrechnen.

3. Die Erdbeeren in die Schüsseln tunken und mit den Fingern essen.

Grillparty

Grillen hat etwas Ursprüngliches. Vielleicht klingt das nach Steinzeitromantik, aber der Duft von Gegrilltem beeinflusst unsere Fantasie und unsere Lust. Grillen ist widersprüchlich: auf der einen Seite das Streben nach Perfektion, Zubehör, Technik, auf der anderen Seite das Chaos und das Unvorhersehbare … Es kann ein urkomisches Schauspiel sein, wenn eine Grilldiva das Fleisch auf dem neuen Gasgrill verbrennen lässt! Man muss gar nicht viel investieren. Ein Grill mit Deckel, etwas Kohle, Grillanzünder und ein bisschen Grillbesteck ist alles, was man braucht. Gebt lieber etwas mehr Geld für gutes Fleisch aus. Lasst das Grillen nicht in Stress ausarten und sorgt dafür, dass alle mithelfen. Manche bereiten die Beilagen vor, andere decken den Tisch und ein paar heizen den Grill an und kümmern sich ums Grillgut.

This is Dad's domain. Sit back, Mom; admire Chef. He has the fascinating how-to on big steaks, other juicy meats that take to charcoal. There's rotisserie roasting, cooking on skewers, grilling whole meals in foil; plus how-to-talk-knowingly with the meatman
45
EL VENADO
HAMBURGER DELIGHTS—Combine 1 pound of hamburger and a chopped onion in skillet. Fry until onion is light brown; add ¾ cup water, an 8-oz. can tomato sauce, salt and pepper to taste and a pinch of garlic salt. Cook, uncovered, stirring often, about twenty minutes. Yield: Filling for 8 split hamburger rolls. Serve with pickle slices . . . and delicious Canada Dry Ginger Ale.
FRANK ROLL-UPS—Make a lengthwise gash in
PICKLE HAMBURGERS—Divide 1 pound of ham burger into four parts. Slice a dill pickle lengthwis into 4 parts and shape hamburger over slices. Coo in skillet over slow fire, turning, until brown on a sides. Serve between split toasted frankfurter rolls Pass mustard, catsup or chili sauce . . . and America Ginger-Upper.
BARBECUE HAMBURGERS—Allow 1 pound hamburger for 4, ½-inch thick patties. Shape pattie

Gegrillte Maiskolben

mit zwei Sorten Kräuterbutter

Das Geniale an diesem Grillgericht ist, dass die Maiskolben nicht vorgekocht werden müssen, sondern beim Grillen in der Schale al dente gedämpft werden. Esst sie mit einem Klecks Butter und ein paar Salzflocken oder in der Luxusvariante mit Kräuterbutter.

ERGIBT 4 PORTIONEN

4 frische Maiskolben mit Schale

FÜR DIE LIMETTEN-CHILI-BUTTER:
50 g zimmerwarme Butter
2 EL fein gehackter Koriander
Abrieb und Saft von ½ Bio-Limette
1 TL Salzflocken
½ fein gehackte kleine rote Chilischote

FÜR DIE BLÜTENBUTTER:
50 g zimmerwarme Butter
1 TL Salzflocken
Blütenblätter von 2–3 Ringelblumen
2 EL fein gehacktes Basilikum
2–3 EL fein geriebener Parmesan

1. Für jede Sorte Kräuterbutter die Zutaten vermengen, jeweils auf ein Stück Backpapier legen und zu gleichmäßigen Rollen formen. Im Kühlschrank fest werden lassen.

2. Die Maiskolben ca. 1 Stunde in Wasser einweichen.

3. Den Mais ca. 20 Minuten mit Schale grillen.

4. Die Schale entfernen und die Maiskolben rundherum grillen, bis sie Farbe bekommen haben.

5. Die Maiskolben mit Kräuterbutter servieren.

Gegrillter Flussbarsch

mit Spinatsalat

Das feine nussige Aroma des Flussbarschs wird von der Marinade und dem Grillgeschmack noch verstärkt. Ein einfacher Salat aus Spinat balanciert das leckere Fischgericht perfekt aus.

ERGIBT 4 PORTIONEN

600 g Flussbarschfilet mit Haut

FÜR DIE MARINADE:
1 EL dunkles Sesamöl
1 EL kaltgepresstes Rapsöl
1 EL frisch gepresster Zitronensaft
1 TL Salz

FÜR DEN SPINATSALAT:
500 g Spinatblätter oder gemischte Blätter von z. B. Mangold und anderen Salatsorten
2 gewürfelte große Tomaten
1 gewürfelte Salzgurke

FÜR DIE VINAIGRETTE:
1 EL Rotweinessig
3 EL Olivenöl
1 fein gehackte oder gepresste Knoblauchzehe
Frisch gemahlener schwarzer Pfeffer
¼ TL Salz

1. Alle Zutaten für die Marinade vermengen. Die Fischfilets auf der Fleischseite damit einreiben. Mindestens 15 Minuten ziehen lassen.

2. Den Spinat waschen und trocken schleudern.

3. Alle Zutaten für die Vinaigrette in einer großen Schüssel verrühren. Die Spinatblätter zugeben und mit der Vinaigrette mischen. Tomaten und Salzgurke untermengen.

4. Den Fisch auf jeder Seite ca. 2 Minuten grillen, entweder auf dem Grill ohne Deckel oder in der Grillpfanne. Dabei aufpassen, dass der Fisch nicht trocken wird.

5. Den Flussbarsch mit Spinatsalat und Brot servieren.

ESSBARER BLICKFANG

Dekoriert den Esstisch mit Gemüse in verschiedenen Farben, und ihr habt einen ebenso hübschen wie leckeren Tischschmuck. Kleine Möhren, Radieschen, Gurken und Staudensellerie kann man z.B. wunderbar roh essen. Blumenkohl könnt ihr in Röschen teilen und ein paar Minuten in Salzwasser kochen. Legt eine alte Holzkiste mit Backpapier aus und richtet das Gemüse darin an.

Gegrillte Fischpakete

Fisch auf dem Grill kann ein Albtraum sein, weil er leicht auseinanderfällt und durch den Rost rutschen kann. Bereitet ihn stattdessen in Alufolie zu. Die Gewürze könnt ihr nach Lust und Laune variieren, unser Tipp ist eine italienisch inspirierte Variante.

ERGIBT 4 PORTIONEN

2 Fenchelknollen
4 große Stücke Fisch (z. B. Flussbarsch, Zander oder Saibling, à 150 g)
Salz und frisch gemahlener Pfeffer
250 g Kirschtomaten
½ Bund Basilikum
35 g entkernte Oliven (z. B. Kalamata oder Taggiasca)
Olivenöl
Ca. 100 ml trockener Weißwein
Zitronenspalten zum Servieren

1. Fenchel putzen, in dünne Scheiben schneiden und auf 4 Bögen Alufolie verteilen. Je ein Stück Fisch auf das Fenchelbett legen. Salzen und pfeffern.

2. Tomaten halbieren und Basilikum hacken. Mit den Oliven vermengen. Die Mischung auf den Fisch geben, mit etwas Olivenöl und dem Weißwein beträufeln. Die Pakete gut verschließen.

3. Die Pakete auf dem Rost ca. 10 Minuten grillen, bis der Fisch gar ist. Das Fleisch sollte sich teilen, wenn man mit einer Gabel hineinsticht.

4. Mit Salat und Zitronenspalten servieren.

Mit Kartoffeln anstatt Fenchel

Wenn ihr wollt, könnt ihr Fenchel durch gekochte und halbierte neue Kartoffeln ersetzen.

Ganzer Fisch auf dem Grill

Den Fisch schuppen und ausnehmen. Etwas salzen und pfeffern und auf den Rost legen. Auf beiden Seiten grillen. Wer mag, füllt den Fisch mit Kräutern, Fenchelgrün oder Zitronenspalten.

Gegrillter Mini-Tintenfisch

Ein perfekter kleiner Snack zu einem Glas eiskaltem Cava beim Warten auf das Abendessen. Mini-Tintenfische gibt es manchmal gefroren im Supermarkt oder beim Fischhändler.

ERGIBT 8–10 KLEINE PORTIONEN

500 g gefrorener Mini-Tintenfisch
Zitronenspalten und Olivenöl zum Servieren

FÜR DIE MARINADE:
100 ml Olivenöl
Saft und Abrieb von 1 Bio-Zitrone
2 TL Salz
½ entkernte, fein gehackte rote Chilischote
2 EL fein gehackte frische Petersilie (oder Oregano)
2 fein gehackte Knoblauchzehen

1. Gefrorenen Tintenfisch über Nacht im Kühlschrank auftauen lassen.

2. Alle Zutaten für die Marinade vermengen und in einen großen Gefrierbeutel füllen. Die Tintenfische hineinlegen und 3–4 Stunden im Kühlschrank marinieren. Dabei den Fisch öfter kneten.

3. Die Tintenfische auf Spieße stecken und auf jeder Seite 3–4 Minuten grillen.

4. Die Tintenfische frisch gegrillt mit Zitronenspalten und etwas Olivenöl beträufelt servieren.

Geröstete Frühlingszwiebeln

Frühlingszwiebeln auf den Grill legen und grillen, bis sie richtig schwarz sind. Die verbrannte Schale vor dem Servieren entfernen. Am besten mit Kräuterbutter als Vorspeise oder pur zu gegrilltem Fleisch oder wie hier zu Tintenfisch servieren.

Tipps zum Grillen

- Grillspieße aus Holz in Wasser einweichen, damit sie beim Grillen nicht verbrennen.
- Kohle, Briketts oder Holz zeitig anzünden. Die Kohle sollte weiß sein und orange glühen, wenn man zu grillen anfängt.
- Den Rost am besten mit etwas Öl bestreichen, damit das Grillgut nicht festklebt, aber nicht zu ölige Zutaten verwenden.
- Das Fleisch darf ruhig einen großen Fettrand haben oder gut marmoriert sein. Das Fett macht es schön saftig.
- Grillt das Fleisch am besten lange und im Ganzen bei geschlossenem Deckel und indirekter Hitze. Das heißt, ihr legt die Kohlen um den Rand des Grills und das Fleischstück in die Mitte, ohne direkte Glut darunter. Dann wird das Fleisch saftig und aromatisch.
- Wenn ihr wollt, könnt ihr Holzspäne oder -chips in den Grill legen, so erhält das Fleisch ein schönes Raucharoma. Im Internet bekommt ihr alles von Erle und Eiche bis zu Kirsche und Hickory.

Persische Hühnchenspieße

Die Marinade aus Zwiebeln und Zitrone macht das Hühnchen zart, weich und lecker, wenn es gegrillt wird.

ERGIBT 4 PORTIONEN

1 kg Hühnchen ohne Knochen (z. B. Schenkel oder Brüste)
3–4 EL Öl

FÜR DIE MARINADE:
Saft von 2 Zitronen
1 geriebene große Zwiebel
½ g Safran
Ca. 1 TL Salz
Frisch geriebene Muskatnuss
Frisch gemahlener schwarzer Pfeffer

1. Das Hühnchen in kleine Stücke schneiden. Alle Zutaten für die Marinade vermengen. Das Hühnchen hineinlegen und alles über Nacht oder mindestens 3 Stunden kalt stellen.

2. Das Fleisch auf 8 Spieße stecken und über Kohle oder im Ofen bei hoher Hitze grillen.

3. Wenn das Hühnchen gar ist, sofort mit Petersilien-Minz-Salat (s. u.) servieren.

Petersilien-Minz-Salat

Kräutersalate mit Couscous oder Bulgur sind im Mittleren Osten sehr populär, aber dieser hier kommt ganz ohne Körner aus. Man kann ihn Stunden im Voraus zubereiten, sollte ihn dann aber kalt stellen und erst in letzter Minute das Dressing zugeben.

ERGIBT 4 PORTIONEN

3 Tomaten (am besten in verschiedenen Farben)
1 weiße oder andere milde Zwiebel, in dünnen Ringen
100 g gehackte glatte Petersilie
25 g gehackte frische Minze

FÜR DAS DRESSING:
50 ml frisch gepresster Zitronensaft
50 ml Olivenöl
½ TL Salz und frisch gemahlener schwarzer Pfeffer

1. Für das Dressing alle Zutaten verrühren.

2. Die Tomaten putzen, halbieren, entkernen und in kleine Würfel schneiden. Die Zwiebelringe in kaltes Wasser legen, damit sie etwas milder und knackiger werden.

3. Petersilie, Minze, Tomate und Dressing vermengen. Abschmecken. Mit den Zwiebelringen garnieren.

Sommerliche kalte Tomatensauce

Diese leckere Tomatensauce ist von dem französischen Sternekoch Jacques Lameloise inspiriert, aber wir haben das Originalrezept etwas verändert. Es passt zu allem Gegrillten.

ERGIBT 6–8 PORTIONEN

8 frische, richtig reife Tomaten
¼ TL Tabasco oder anderes Chilikonzentrat
1 EL Tomatenmark
1 EL Tomatenketchup
½ TL Worcestersauce
3 EL Olivenöl extra vergine
1 TL frisch gepresster Zitronensaft
Salz nach Geschmack
Evtl. etwas Zucker

1. Den Strunk der Tomaten entfernen und das andere Ende kreuzweise einschneiden. Die Tomaten 15–45 Sekunden in kochendes Wasser tauchen, bis sich die Schale zusammenzieht. Herausnehmen und mit kaltem Wasser abschrecken oder in eine Schüssel mit Eiswasser legen.

2. Die Tomaten häuten und mit Tabasco, Tomatenmark, Ketchup, Worcestersauce, Olivenöl, Zitronensaft und Salz zu einer glatten Sauce mixen.

3. Abschmecken und je nachdem, wie reif die Tomaten sind, evtl. etwas Zucker zufügen. Die Sauce ein paar Stunden kalt stellen. Dann wird sie dicker und außerdem so kalt, wie sie beim Servieren sein soll.

Knoblauchjoghurt

Diese Sauce ähnelt Zaziki, nur ohne Gurke. Sie passt zu allem möglichen gegrillten Fleisch.

ERGIBT 6 PORTIONEN

400 g türkischer oder griechischer Joghurt (10 %)
1 gepresste Knoblauchzehe
2 EL Olivenöl
Frisch gemahlener schwarzer Pfeffer
2 TL fein gehackte Petersilie
1 TL fein gehacktes frisches Basilikum
1 TL Meersalz

1. Alle Zutaten in einer Schüssel vermengen. Die Sauce am besten 1 Stunde kalt stellen, damit sich alle Aromen mischen können.

2. Die Sauce kalt servieren.

LANDMANN

Schweinebauch wie auf Sardinien

– Maiale sulla griglia

Auf Sardinien, wo Johanna meist einen großen Teil der Ferien zubringt, ist der Grill immer angeheizt. Besonders lecker und einfach in der Zubereitung ist es, große Scheiben Schweinebauch vom örtlichen Metzger zu grillen und dann in eine Marinade aus selbst gepflückten Kräutern zu legen.

ERGIBT 4–6 PORTIONEN

500 g Schweinebauch, in ca. 1 cm dicken Scheiben

FÜR DIE MARINADE:

100 ml Olivenöl
1 TL Salzflocken
¼ TL Chiliflocken
2 Knoblauchzehen, in Scheiben
1 Zweig Rosmarin oder 5–6 Salbeiblätter
5 Kirschtomaten

1. Alle Zutaten für die Marinade auf einer großen Servierplatte oder in einer Schüssel vermengen. Falls ihr gepökelten Schweinebauch verwendet, könnt ihr das Salz weglassen.

2. Das Fleisch knusprig grillen und in die Marinade legen.

3. Sofort servieren, am besten mit einem grünen Salat, einem guten italienischen Käse und einem Glas Rotwein.

Sommerliche Spare Ribs

Gepökeltes Fleisch hat einen besonderen Geschmack, der durch das Salz verstärkt wird. Das Salz macht das Fleisch außerdem haltbarer. Dies ist ein gepökeltes Gericht aus Südafrika, das Soutribbetjie heißt und eigentlich aus Lammrippchen gemacht wird, einem Fleischstück, das in Schweden schwer zu besorgen ist. Falls ihr es nicht bekommt, könnt ihr entweder normale Schweinerippchen oder Lammbrust mit Knochen nehmen.

ERGIBT 8 PORTIONEN

2 kg Rippchen vom Lamm oder Schwein (oder Lammbrust mit Knochen)

FÜR DIE KRÄUTERMISCHUNG:

1½ EL Rohrohrzucker
190 g grobes Salz
2 TL gemahlener Koriander
1 TL gemahlene Nelken
2 EL Rotweinessig

1. Zucker, Salz, Koriander, Nelken und Essig in einer Schüssel vermengen. Das Fleisch sorgfältig mit der Mischung einreiben und in einem verschlossenen Behälter 2 Tage im Kühlschrank marinieren lassen.

2. Das Fleisch herausnehmen und etwas trocken tupfen. Anschließend ca. 30 Minuten am besten auf dem Grillrost grillen.

3. Die Rippchen nach Belieben mit neuen Kartoffeln, Salat und sommerlicher kalter Tomatensauce (s. S. 48) oder BBQ-Sauce (s. S. 58) servieren.

Gegrilltes Entrecôte

Es gibt hauptsächlich zwei Arten zu grillen: entweder bei direkter Hitze, bei der man das Grillgut unvermittelt über die Glut legt, sodass es schön braun wird, oder bei indirekter Hitze. Dabei liegt die Glut nur auf einem Teil des Grills, und das Grillgut liegt nicht direkt darüber. Hierbei sollte der Deckel geschlossen sein. Das bewirkt, dass die Hitze im Grill zirkuliert und durch das langsame Erhitzen herrlich rauchige Aromen entstehen. Die Trockenmarinade – der Rub – gibt eine pikante und leicht scharfe Kruste.

ERGIBT 6–8 PORTIONEN

1,2 kg Entrecôte am Stück (ganzes Filetstück mit Fettmantel, alternativ ein anderes ganzes Steakfleisch)

FÜR DEN RUB:
2 EL mildes Paprikapulver
1 TL Senfpulver
1 EL Salz
½ TL Cayennepfeffer
½ TL frisch gemahlener schwarzer Pfeffer

FÜR DIE GLASUR:
2 EL japanische Sojasauce
1 EL Austernsauce
2 EL Rohrohrzucker
2 EL frisch gepresster Zitronensaft
1 gehackte Chilischote, am besten geräuchert oder getrocknet
1½ EL Maisstärke

1. Für den Rub alle Gewürze mischen und das Fleisch damit einreiben. Mindestens 30 Minuten ziehen lassen.

2. Die Zutaten für die Glasur verrühren und beiseitestellen.

3. Das Fleisch auf einem Kugel- oder anderem Grill mit Deckel ca. 3 Stunden bei sehr geringer, indirekter Hitze grillen. Ein Thermometer in den dicksten Teil des Fleisches stecken. Die Garzeit kann je nach Fleischdicke und Grilltemperatur variieren. Das lange Garen bewirkt, dass das Fleisch besonders zart wird und eine schöne Kruste bekommt. Das Fleisch während des Grillens ab und zu mit der Glasur bestreichen.

4. Das Fleisch vom Grill nehmen, sobald es eine Kerntemperatur von 55–62 °C hat, und in Alufolie gewickelt 15 Minuten ruhen lassen.

5. Das Fleisch in ca. 5 mm dicke Scheiben schneiden. Mit einer der Saucen von S. 58–59 servieren.

Bourbonsteak

Amerikanischer Whiskey hat oft ein ausgeprägt süßes Aroma und wird daher als milder empfunden als viele schottische Sorten. Aber außer der Süße hat Bourbon auch Röstaromen, die ausgezeichnet in Marinaden für Geflügel oder Fleisch passen. Hier ist eine Variante für richtig gute Steaks. Zusammen mit einem deftigen Kartoffelsalat und verschiedenen Beilagen reichen vielleicht 100 g Fleisch pro Person. Wer auf der sicheren Seite sein will, kann dasselbe Rezept für 8 Personen machen (und das Fleisch in größere Stücke schneiden). Man kann es natürlich auch in Butter braten, aber das Grillen sorgt für schöne Raucharomen.

ERGIBT 12 PORTIONEN

1,2 kg Steakfleisch am Stück
Salz und frisch gemahlener schwarzer Pfeffer

FÜR DIE MARINADE:
100 ml japanische Sojasauce
100 ml Bourbon
4 fein gehackte Knoblauchzehen
2 EL fein geriebener oder gehackter frischer Ingwer
1 TL fein gehackte mittelscharfe Chilischote (oder 10–15 Tropfen Tabasco)

1. Das Fleisch in 6 normal große Steaks schneiden und diese zu 12 kleinen Steaks von je ca. 100 g halbieren. Die Steaks in einen großen Gefrierbeutel geben.

2. Alle Zutaten für die Marinade mischen und in den Beutel füllen. Den Beutel verschließen und für mindestens 4 Stunden in den Kühlschrank legen, am besten über Nacht.

3. Die Steaks herausnehmen und abtropfen lassen. Auf beiden Seiten salzen und pfeffern und in einer Grillpfanne oder auf dem Grillrost grillen. (Alternativ in einer Pfanne in Butter braten.)

4. Das Fleisch mit Paprikaketchup (s. rechts) und gekochten neuen Kartoffeln oder Kartoffelsalat (s. S. 19) servieren.

FLEISCHTIPPS

Wir grillen Entrecôte, bis es rosa und ein bisschen fest ist, aber den Gargrad könnt ihr natürlich nach eurem eigenen Geschmack bestimmen.

Denkt daran, dass das Fleisch beim Servieren nicht so heiß sein muss.

Fleischreste könnt ihr in Streifen schneiden und für einen leckeren Salat verwenden.

Nehmt einen guten Braten oder ein Roastbeef mit ins Ferienhaus oder aufs Boot, davon kann man lange zehren.

Paprikaketchup

Genau wie Tomatenketchup schmeckt dieser Ketchup mit Paprika sehr intensiv, und er sollte sparsam dosiert werden. Serviert ihn in einer Schüssel oder in einer ausgespülten Ketchupflasche zum Bourbonsteak (s. links). Er passt auch gut zu gegrillter Bratwurst, selbst gemachten Hamburgern und vielem mehr. Verwendet ihn wie normalen Ketchup.

ERGIBT CA. 300 ML

4 rote Paprikaschoten
1 EL Öl + 2 EL extra
1 gehackte Zwiebel
3 fein gehackte Knoblauchzehen
1 TL Ancho-Chilipulver (oder normales Chilipulver)
1 TL Paprikapulver
1 TL Tomatenmark
2 EL japanische Sojasauce
2 Lorbeerblätter
3 EL Weißweinessig
½ TL Anis (oder Fenchelsamen), im Mörser zerstoßen
2 TL Meersalz
1 EL Farinzucker (oder normaler Zucker)

1. Den Ofen auf 250 °C vorheizen.

2. Die Paprikaschoten halbieren und von Samen sowie Scheidewänden befreien. Die Hälften mit 1 EL Öl einreiben, in eine ofenfeste Form legen und 25–30 Minuten rösten. Dann in einem verschlossenen Gefrierbeutel etwas abkühlen lassen, damit sie sich besser häuten lassen.

3. Während die Paprika im Ofen sind, Zwiebel und Knoblauch in einem Topf mit dickem Boden langsam in 2 EL Olivenöl anschwitzen. Sobald die Zwiebel weich und glasig ist, Chili- und Paprikapulver, Tomatenmark, Sojasauce, Lorbeerblätter, Essig, Anis, Salz, Zucker und 100 ml Wasser zufügen. Ohne Deckel 15 Minuten köcheln lassen. Ab und zu umrühren.

4. Die Paprikaschoten häuten und die schwarze Schale entsorgen. Das Fruchtfleisch mitsamt der Flüssigkeit in den Topf geben. Weitere 5 Minuten köcheln lassen. Die Lorbeerblätter entfernen und den Paprikaketchup pürieren. Wenn er zu flüssig ist, noch etwas köcheln lassen. Sollte er zu dick sein, mit etwas Wasser verdünnen und aufkochen. Den Ketchup abkühlen lassen. Er hält sich im Kühlschrank mindestens 1 Woche.

Sommerburger

Kauft kein Hackfleisch, das in »Schutzatmosphäre« verpackt wurde. Lasst es im Laden frisch durch den Wolf drehen oder macht es selbst.

ERGIBT 4 PORTIONEN

FÜR DIE HAMBURGER:

900 g Rinderhackfleisch
1 TL Salz
Frisch gemahlener schwarzer Pfeffer

FÜR DEN SALAT:

2 Tomaten, in dünnen Scheiben
150 g Spitzkohl, in feinen Streifen
Eisbergsalat, in feinen Streifen
¼–½ TL Salz
2 TL Rot- oder Weißweinessig
2 EL Olivenöl

AUSSERDEM:

8 Scheiben gereifter Hartkäse (z. B. Cheddar)
4 Hamburgerbrötchen (s. S. 67), halbiert
2 ganze Salzgurken (oder Essig- oder frische kleine Gurken), in dünnen Scheiben
8 Scheiben gebratener Bacon
1 gelbe oder rote Zwiebel, in feinen Scheiben
BBQ-Sauce (s. S. 58) und/oder kalte Tomatensauce (s. S. 48)
1 Portion Mayonnaise (s. S. 162)

1. Tomaten, Kohl und Eisbergsalat in eine Schüssel geben. Mit Salz, Essig und Öl vermengen.

2. Das Hackfleisch mit Salz und Pfeffer mischen. Zu vier Hamburgern formen. Die Hamburger auf dem Grill oder alternativ in der Grillpfanne grillen. Wenden und je 2 Scheiben Käse auf die gegrillte Seite legen. Auch die Brötchen auf dem Grill anwärmen.

3. Die Burger zusammenbauen: Die untere Brötchenhälfte mit Salat, Fleisch, Salzgurke, Bacon und Zwiebel belegen. Sauce und Mayonnaise darübergeben und die obere Brötchenhälfte obenauf setzen. Sofort servieren.

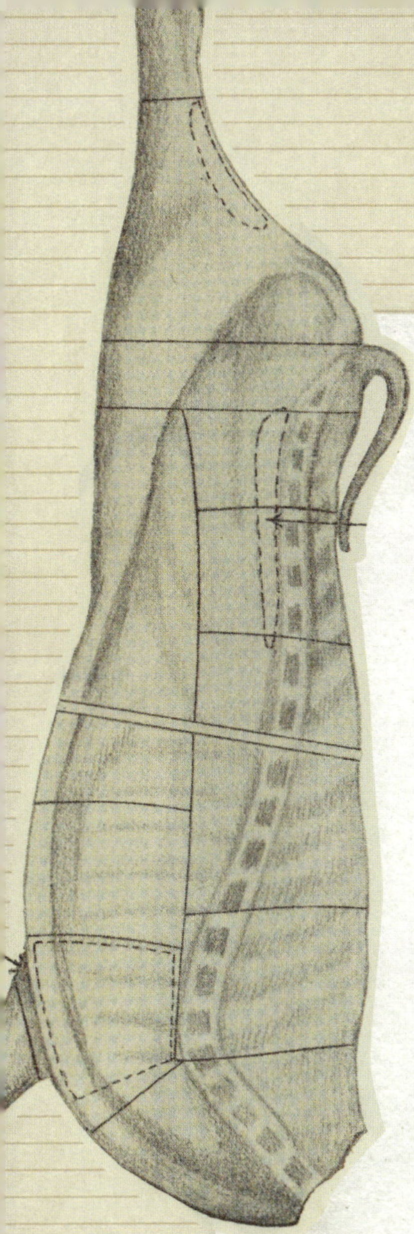

Gedanken über Hamburger

Hamburger lassen sich auf viele Arten gut zubereiten. Manche mögen lockeres Hackfleisch, andere mögen es etwas fester. Einige salzen den Hamburger von außen, andere vermischen das Hack mit allen möglichen Zutaten von Sardellen bis Sojasauce, damit es schön würzig wird.

Das verwendete Hackfleisch sollte einen ordentlichen Fettgehalt haben. Wenn es zu mager ist, d.h. unter 10 Prozent, könnt ihr etwas Öl oder zerlassene Butter zufügen. Und für richtig leckere Burger solltet ihr das Fleisch selbst durch den Wolf drehen oder fein hacken.

Gute dünne Burger bekommt ihr, wenn ihr das Hackfleisch zu Bällchen knetet, wie wenn man einen Schneeball macht, und sie dann richtig flach drückt, sodass sie nur noch ½–1 cm dick sind.

Hamburger können in der Größe variieren, aber viele Kenner ziehen große, dicke vor, bei denen das Hackfleisch innen noch rosa ist.

Bratet die Hamburger nicht zu lange. Wenn ihr das Fleisch komplett durchgaren möchtet, müsst ihr besonders aufpassen, dass es nicht zu trocken wird.

Die Brötchen sollten saftig und lauwarm oder warm sein. Wenn ihr fertige Hamburgerbrötchen verwendet, könnt ihr sie entweder kurz auf den Grill oder in den Ofen legen, sodass sie etwas Röstaromen und Temperatur bekommen.

Ihr solltet Hamburger niemals zu lange im Voraus zubereiten, dann werden sie trocken und weichen auf.

Ein Hamburger muss mit den Fingern gegessen werden. Drückt ihn zusammen, falls er sonst nicht in den Mund passt.

Choripan

Choripan ist populäres Street Food aus Südamerika. Der Name kommt von »Chor« wie Chorizo und »Pan«, was auf Spanisch Brot heißt.

ERGIBT 5–6 PORTIONEN

5–6 würzige, aromatische spanische Chorizos

AUSSERDEM:

1 Sauerteigbaguette, in 5–6 Portionen
Chimichurri (s. rechts)
Mayonnaise (s. S. 16)

1. Die Würste auf dem Grill oder alternativ in der Grillpfanne braten. Der Länge nach halbieren und auch die Schnittflächen kurz grillen.

2. Die Würste im Brot mit Chimichurri und Mayonnaise servieren.

Chimichurri

Diese argentinische Sauce gibt es in vielen Variationen – manchmal mit Oliven, manchmal nur aus getrockneten Kräutern. Sie wird vor allem zu gebratenem oder gegrilltem Rindfleisch serviert, passt aber genauso gut zu Fisch oder Hühnchen. Im Grunde ist Chimichurri eine Vinaigrette, d. h. eine Emulsion aus Essig und Öl. Wenn sie sich trennt, kann man sie noch einmal mixen oder schütteln. Die Sauce schmeckt auch als Salatdressing oder Dip und sollte am besten einen Tag vorher zubereitet werden.

ERGIBT CA. 300 ML

2 kleine Schalotten
2 Knoblauchzehen
25 g frisch gehackte glatte Petersilie
2 EL frische Kräuter (z. B. Basilikum, Oregano oder Thymian)
50 ml Essig
½ TL Salz
1 Prise frisch gemahlener schwarzer Pfeffer
100 ml Olivenöl

1. Schalotten und Knoblauch schälen, grob zerkleinern und mit dem Stabmixer fein mixen. Alle anderen Zutaten bis auf das Öl zufügen und relativ glatt mixen. Zum Schluss das Olivenöl untermischen.

2. Das Chimichurri über Nacht durchziehen lassen, sodass sich der Geschmack voll entfalten kann. Die Sauce hält sich mindestens 1 Woche im Kühlschrank.

LUSTIGE TISCHTUCHBESCHWERER

Bei Wind flattert die Tischdecke gerne vom Gartentisch. Bastelt Gewichte, die man daran befestigen kann, sodass sie am Platz bleibt - am besten welche, die zur Dekoration passen. Befestigt einfach ein paar schwere Dinge an Klammern mit Haken (gibt es im Bastelladen). Das können z.B. schöne alte rostige Schlüssel, Tiere aus der Spielzeugkiste, hübsche Steine mit bunten Bändern, kleine Äpfel oder mit Reis gefüllte Stoffsäckchen sein.

Pebre – Tomatensalsa
mit Chili und Koriander

Auf einer Reise nach Chile hat Jens Pebre, die unglaublich frische und leckere nationale Salsa, kennengelernt, die im Sommer meist zu gegrilltem Fleisch serviert wird. Dies ist unsere Variante. Pebre sollte am selben Tag zubereitet werden, an dem sie serviert wird. Wenn ihr sie vorher vorbereiten wollt, solltet ihr mit dem Vermengen von Dressing und Gemüse bis frühestens 1 Stunde vor dem Servieren warten.

ERGIBT 4 PORTIONEN

250 g gehackte, reife gelbe und rote Kirschtomaten
2 fein gehackte gelbe oder rote Zwiebeln
2 EL fein gehackter Knoblauch
2 EL fein gehackte Frühlingszwiebeln
2 EL fein gehackte milde grüne Chilischote
80 g fein gehackter frischer Koriander, Blätter und Stängel
2 EL Olivenöl
1 EL Weißweinessig
1 TL Salz
Reichlich frisch gemahlener schwarzer Pfeffer

1. Alle gehackten Zutaten in einer großen Schüssel vermengen.

2. Öl, Essig, Salz und Pfeffer in einer anderen Schüssel verrühren.

3. Das Dressing über Tomaten, Zwiebeln, Knoblauch, Chili und Koriander gießen und alles gut verrühren. Vor dem Servieren höchstens 1 Stunde im Kühlschrank stehen lassen.

BBQ-Sauce

In den USA ist Kansas berühmt für seine Barbecue-Tradition. Zu langsam gegrillten Spare Ribs oder ordentlichen Koteletts wird oft eine süße, fruchtige, ziemlich dicke dunkle Sauce auf Tomatenbasis serviert. Sie wird sowohl als Glasur (die während des Grillens auf Fleisch oder Fisch gestrichen wird) als auch als Sauce verwendet. Manche Kansas-Saucen enthalten Datteln, Tamarinde und Feigen. In unserer Version sind neben Ketchup und Chilisauce Rosinen, Bier und Sojasauce wichtige Geschmacksträger.

ERGIBT 8 PORTIONEN

200 g Tomatenketchup
4 EL Chilisauce
2 TL Dijonsenf
2 TL Senfpulver
4 EL Rohrohrzucker
4 EL Weißweinessig
7–8 Tropfen Tabasco
2 TL Worcestersauce
4 TL japanische Sojasauce
1 EL Olivenöl
100 ml helles Lagerbier
3 EL frisch gepresster Zitronensaft
60 g Rosinen oder grob gehackte Trockenpflaumen
½ TL Liquid Smoke
Frisch gemahlener schwarzer Pfeffer

1. Alle Zutaten in einer Schüssel vermengen und mindestens 30 Minuten ziehen lassen.

2. Die Mischung ca. 30 Sekunden in einer Küchenmaschine oder mit dem Stabmixer pürieren. Die Sauce sollte bis auf ein paar Rosinenstückchen glatt sein. Sie hält sich mindestens 2 Wochen im Kühlschrank.

Linders Tomatenketchup

Es macht Spaß, mit seinem eigenen Familienketchup zu experimentieren. Anstatt Fenchel- und Koriandersamen könnt ihr auch Piment und Anis ausprobieren. Auf S. 53 findet ihr Ketchup mit Paprika.

ERGIBT CA. ¾ L

1 EL Butter
1 EL Olivenöl
1 fein gehackte Zwiebel
1 fein gehackte Knoblauchzehe
2 TL geräuchertes Paprikapulver
800 g gehackte aromatische Tomaten (Dose)
3 EL Tomatenmark
100 ml Rotweinessig
85 g Zucker
2 TL Salz + etwas extra
½ TL ganze Fenchelsamen
½ TL ganze Koriandersamen
½ TL Senfkörner

1. Butter und Olivenöl in einem Topf zerlassen und Zwiebel und Knoblauch unter Rühren darin anschwitzen, bis sie glasig sind und aromatisch duften. Paprikapulver zufügen und 1 weitere Minute dünsten.

2. Tomaten, Tomatenmark, Essig, Zucker und Salz zufügen, aufkochen und bei niedriger Temperatur köcheln lassen.

3. Fenchel, Koriander und Senfkörner fein zerstoßen. Mit in den Topf geben und unter Rühren mindestens 15 Minuten köcheln lassen, bis die Konsistenz etwas flüssiger als Ketchup ist. Wenn der Ketchup während des Kochens zu stark eindickt, mit etwas Wasser verdünnen. Er muss einige Zeit köcheln, damit sich die Aromen entfalten können. Sobald der Ketchup auskühlt, dickt er noch etwas nach. Mit Salz abschmecken.

4. In eine saubere Flasche füllen und im Kühlschrank aufbewahren. Er hält sich mehrere Wochen.

Romescosauce

Wie so viele andere Klassiker kann diese spanische Sauce aus Katalonien auf verschiedene Arten zubereitet werden. Sie ist süß und scharf und hat feine Röstaromen. Sie schmeckt genauso gut zu einer gegrillten spanischen Wurst wie zu Schweinefleisch und eignet sich auch gut zum Dippen.

ERGIBT CA. 300 ML

2 rote Paprikaschoten
5 reife Kirschtomaten
65 g blanchierte Mandeln
1 rote Chilischote
2 geschälte Knoblauchzehen
1–2 EL Olivenöl + 2 EL extra
Salz und frisch gemahlener schwarzer Pfeffer
1 EL Rotweinessig
1 TL Zucker

1. Den Ofen auf 200 °C vorheizen.

2. Die Paprikaschoten halbieren und von Samen sowie Scheidewänden befreien. Die Hälften mit der Schale nach oben auf ein Blech legen und im Ofen 25–30 Minuten braten, bis die Haut schwarz wird und Blasen wirft. Die heißen Paprikaschoten in einen Gefrierbeutel geben.

3. Die Tomaten halbieren und mit Mandeln, Chili und Knoblauch auf ein Blech legen. Mit etwas Öl beträufeln, salzen und pfeffern und 8–10 Minuten rösten, bis die Mandeln etwas Farbe bekommen haben.

4. Paprikaschoten und Tomaten häuten. Die Chili halbieren und entkernen. Alles in einen Mixer geben (oder einen Stabmixer verwenden) und Essig, Zucker und 2 EL Olivenöl zufügen. Zu einer glatten Sauce pürieren.

Gegrillte Ananas

Auf dem Grill karamellisiert der Fruchtzucker der Ananas und gibt einen wunderbar süßen Geschmack.

ERGIBT 6–8 PORTIONEN

1 frische Ananas
1 entkernte, fein gehackte rote Chilischote
3–4 EL flüssiger Honig

1. Die Ananas schälen und in 1 cm dicke Scheiben schneiden.

2. Chili und Honig vermengen und die Ananasscheiben mit der Mischung bestreichen. Bis zum Grillen kalt stellen.

3. Die Ananas auf beiden Seiten grillen, bis sie Farbe bekommt. Mit Vanilleeis servieren.

Gegrillte Banane

Als Kinder haben wir immer Bananen am Lagerfeuer gegrillt und Schokoladenstücke hineingesteckt. Wie lecker es war, das herrlich weiche, mit Schokolade vermischte Fruchtfleisch aus der schwarzen Schale zu löffeln! Wer den Kindheitsklassiker variieren will, kann die Bananen auf diese etwas erwachsenere Art grillen.

ERGIBT 6–8 PORTIONEN

4 Bananen
2 EL brauner Rum
2 EL Honig
1 TL Zimt
1 TL Ingwerpulver

1. Die ungeschälten Bananen der Länge nach halbieren.

2. Rum, Honig, Zimt und Ingwer in einer kleinen Schüssel vermengen.

3. Die Bananenhälften mit der Schnittfläche nach unten ein paar Minuten grillen. Wenden und mit der Marinade bestreichen. Ein paar weitere Minuten grillen. Mit Vanilleeis servieren.

Pfirsiche und Nektarinen grillen

Die Früchte halbieren, entkernen und mit der Schnittfläche nach unten auf den Grill legen. Mit Eis oder Mascarpone mit Vanillezucker servieren.

Ihr könnt die Pfirsiche auch in kleinere Stücke schneiden und zusammen mit Rohrohrzucker, frisch geriebenem Ingwer und einem Klecks Butter in Alufolie einwickeln. Achtet darauf, dass das Folienpaket ganz dicht ist. Das Paket für ca. 10 Minuten auf den Grill legen.

Erst nach der französischen Revolution von 1789, als die Parks in den Städten für alle Menschen geöffnet wurden, begann man, im großen Stil Picknicks zu veranstalten. Das Wort Picknick kommt vermutlich vom französischen »piquer«, das anpicken bedeutet, und dessen Reimwort »nique«, das so viel heißt wie Kleinigkeit. Zu solch einem wunderbaren Treffen kann man alles Mögliche an Speisen mitbringen – von Champagner und Cointreau-Erdbeeren (s. S. 72) für ein romantisches Tête-à-Tête über gekaufte Delikatessen aus dem Laden um die Ecke für ein lockeres Treffen mit Freunden bis hin zu selbst gemachten Quiches, Pulled Pork und frisch gebackenen Scones. Vergesst nur die Picknickdecke nicht!

Picknick

Lorbeerhähnchen

Diese Gewürzmischung ist aromatisch und ein bisschen scharf, und sie kann sowohl als Trockenmarinade, mit der das Fleisch bis zu 24 Stunden vor dem Grillen eingerieben wird, als auch kurz vor dem Grillen verwendet werden. Falls ihr kein Selleriesalz bekommt, könnt ihr es auch weglassen.

ERGIBT 6 PORTIONEN

1 ganzes Hähnchen

FÜR DIE GEWÜRZMISCHUNG:
3 Lorbeerblätter
1 EL Salz
1 TL Senfpulver
1 TL frisch gemahlener schwarzer Pfeffer
½ TL frisch gemahlener weißer Pfeffer
½ TL frisch geriebene Muskatnuss
1 TL Paprikapulver
¼ TL Cayennepfeffer oder anderes Chilipulver
¼ TL gemahlener Kardamom
½ TL Selleriesalz

1. Die Lorbeerblätter zerbröseln oder in einem Mörser zerstoßen und mit den restlichen Gewürzen vermengen. Das Hähnchen mit der Gewürzmischung einreiben und bis zu 24 Stunden in den Kühlschrank stellen.

2. Das Hähnchen auf einem Grill mit Deckel grillen, zuerst bei direkter, starker Hitze, dann bei geringerer, indirekter Hitze, bis die Haut schön Farbe bekommen hat, das Fleisch gar und beim Einstechen die austretende Flüssigkeit durchsichtig ist.

3. Mit einer guten Sauce (z. B. sommerlicher kalter Tomatensauce, s. S. 48), neuen Kartoffeln (gekocht oder im Ofen geröstet), Sauerteigbaguette und einem grünen Salat servieren.

Reissalat

Wenn Johanna und ihre Familie auf Sardinien sind, gibt es kaum ein Picknick ohne Reissalat. Meistens ist es ihr Schwager Christian, der den Salat macht, und er schmeckt von Mal zu Mal unterschiedlich. Denn er nimmt ganz einfach das, was er gerade zu Hause hat. Das können geschmorte Paprikaschoten, sonnengetrocknete Tomaten, geröstete Nüsse, aromatischer Käse in kleinen Würfeln, gehobelter Parmesan oder Rucola sein. Hier ist eine von vielen Varianten.

ERGIBT 4 PORTIONEN

Salz
250 g Arborioreis
Olivenöl
Je 1 rote und gelbe Paprikaschote
1 Schale Kirschtomaten
200 g grüne Bohnen oder Wachsbohnen
2 EL Kapern
35 g kleine entkernte Oliven (z. B. Taggiasca)
Abrieb von 1 Bio-Zitrone
Ca. 3 EL fein gehackte Petersilie

FÜR DAS DRESSING:
50 ml Olivenöl
1 EL Weißweinessig
1 TL Salz

1. Einen großen Topf mit Wasser aufkochen. 1 TL Salz und den Reis zufügen. Den Reis 10–15 Minuten kochen, bis er al dente ist. Durch ein Sieb abgießen und mit kaltem Wasser abschrecken. In eine große Schüssel geben, einen Schuss Öl zufügen und umrühren.

2. Die Paprikaschoten putzen, halbieren, von Samen sowie Scheidewänden befreien und das Fruchtfleisch fein würfeln. Die Tomaten waschen und halbieren. Die Bohnen ein paar Minuten in Salzwasser kochen und dann in zentimetergroße Stücke schneiden.

3. Alle Zutaten für das Dressing in einer kleinen Schüssel verrühren.

4. Den Reis mit Gemüse, Kapern, Oliven, Zitronenabrieb und Petersilie vermengen. Das Dressing darüberträufeln und gut umrühren.

Hipstersandwich
mit Pulled Pork

Selbst gebackene amerikanische Hamburgerbrötchen, lange gegartes Schweinefleisch und eine flotte Mayo (s. S. 162) mit Limette, Chili und Ingwer. Dieses unglaublich leckere Sandwich bekommt ihr mit etwas Arbeitseinsatz und einigen wenigen Zutaten, aber mit einer ganzen Nacht im Ofen. Das Fleisch eignet sich natürlich auch als Abendessen, am besten zusammen mit einem Coleslaw.

ERGIBT 8 PORTIONEN

1 kg Schweinerücken
2 fein gehackte Knoblauchzehen
1 TL Salz
Frisch gemahlener schwarzer Pfeffer oder 1 EL scharfes Paprikapulver
2 Zwiebeln, in Spalten
250 ml BBQ-Sauce (s. S. 58 oder fertige Sauce aus der Flasche)
50 ml Apfelessig

AUSSERDEM:
Mayonnaise (s. S. 162)
Tomatenscheiben
Salatblätter
Kartoffelchips

1. Den Ofen auf 120 °C vorheizen.

2. Den Schweinerücken mit Knoblauch, Salz und Pfeffer oder Paprikapulver einreiben. Das Fleisch in einen Bräter legen, die Zwiebeln rundherum verteilen und BBQ-Sauce und Essig darübergießen. Den Deckel schließen.

3. Den Bräter in den Ofen stellen und das Fleisch über Nacht oder in 8–9 Stunden garen. Das Fleisch ist fertig, wenn es sich ganz leicht auseinanderzupfen lässt.

4. Das gezupfte Schweinefleisch in Brötchen füllen, z. B. in Hamburgerbrötchen (s. rechts). Mit Mayonnaise bestreichen und mit ein paar Tomatenscheiben und Salatblättern belegen. Am besten mit Chips servieren.

Hamburgerbrötchen

Dies sind herrlich weiche Brötchen, die sich sowohl als Ausflugssandwiches mit Pulled Pork als auch für Hamburger eignen. Das Besondere daran sind die zerdrückten gekochten Kartoffeln.

ERGIBT 12–16 BRÖTCHEN

25 g Hefe
50 g Butter
¼ l Vollmilch
40 g Zucker
1 Ei
1 TL Salz
Ca. 150 g kalte gekochte Kartoffeln
600–700 g Weizenmehl
1 verquirltes Ei und Sesamsamen

1. Die Hefe in eine Schüssel bröseln. Die Butter bei geringer Hitze zerlassen und in die Milch gießen. Leicht erwärmen (auf ca. 37 °C). Die Hefe in einem kleinen Teil der Flüssigkeit auflösen. Die restliche Milchmischung, Zucker, Ei und Salz zufügen.

2. Die Kartoffeln pressen oder zerdrücken und in die Schüssel geben. Gut verrühren. Nach und nach etwas Mehl untermischen, bis ein geschmeidiger Teig entstanden ist. Den Teig mit den Händen mindestens 10 Minuten oder in der Küchenmaschine 5 Minuten kneten. Mit Frischhaltefolie oder einem Geschirrtuch bedecken und 1½ Stunden gehen lassen.

3. Den Teig in 12–16 Stücke teilen und jedes Stück zu einer Kugel rollen. Auf ein Blech mit Backpapier legen, mit der Hand leicht flach drücken und zugedeckt weitere 45 Minuten gehen lassen.

4. Den Ofen auf 200 °C vorheizen.

5. Die Brötchen mit Ei bestreichen und mit Sesam bestreuen. Das Blech in den Ofen schieben und die Temperatur auf 150 °C reduzieren. Ca. 15 Minuten backen, bis die Brötchen hohl klingen, wenn man gegen die Unterseite klopft.

PRAKTISCHE FLASCHENTASCHE

Macht aus einer Tischdecke eine Flaschentasche, und eure Flaschen werden sowohl heile bleiben als auch gut zu tragen sein.

Ihr braucht: 1 Tischdecke (1 x 1 m)

1. Die Decke in der Mitte zu einem Dreieck falten.

2. Die Flaschen mit den Böden zueinander gewandt mit ca. 20 cm Abstand auf die Längsseite legen. Zusammenrollen, nach oben falten und zusammenknoten!

Muffletta
– gefülltes Brot aus Sizilien

Ein Brot mit Geheimnis! Höhlt es aus und füllt es mit Leckereien. Danach einfach in Stücke oder Scheiben schneiden.

ERGIBT 8–10 PORTIONEN

3 rote Zwiebeln, in Spalten
1 EL Olivenöl
1 Kastenbrot
3 EL Pesto, mit 2 EL Olivenöl vermischt
4 Scheiben Parmaschinken (oder anderer Schinken, ca. 50 g)
3 gegrillte Paprikaschoten (Dose oder selbst gegrillt, s. S. 53)
250 g Ziegenfrischkäse (z. B. Chavroux)
2 EL Tapenade (oder andere Kräuterpaste), mit 2 EL Olivenöl vermischt
6–8 Scheiben Salami (ca. 70 g)
1 Handvoll Rucola (ca. 40 g)
Salz und frisch gemahlener Pfeffer

1. Den Ofen auf 200 °C vorheizen.

2. Die Zwiebeln auf ein Blech legen und mit Olivenöl beträufeln. 10–15 Minuten im Ofen rösten.

3. Die Oberseite des Brotes abschneiden und das Brot aushöhlen (das Innere kann man hinterher mixen und als Semmelbrösel einfrieren).

4. Die gesamte Innenseite des Brotes und des Deckels mit dem leicht flüssigen Pesto bestreichen. Die Hälfte des Schinkens, der Paprika und des Ziegenkäses in dieser Reihenfolge hineingeben. Die Hälfte der Tapenade daraufstreichen. Dann mit der Hälfte der Salami, der Zwiebeln und des Rucola belegen. Salzen und pfeffern.

5. Mit der anderen Hälfte der Zutaten genauso verfahren. Wenn nötig, die Füllung leicht flach drücken. Den Deckel darauflegen und das Brot in Frischhaltefolie wickeln. Über Nacht oder mindestens 3 Stunden kalt stellen. In Alu- oder Frischhaltefolie wickeln, bevor es zum Picknick mitgenommen wird.

6. Das Brot in Stücke oder Scheiben schneiden und servieren.

Picknicksandwich
mit Frittata und Salami

Picknicksandwiches können trocken und langweilig, matschig und durchweicht oder ganz wunderbar sein! Eiersandwiches gehören zu den allerbesten – vor allem in Form eines dünnen italienischen Omelettes.

ERGIBT 4–6 PORTIONEN

1 gutes Baguette oder 4–6 kleinere Brötchen (z. B. aus Roggenmehl)
Frischkäse (ungewürzt oder mit Kräutern)
8–10 Scheiben gute italienische Salami
Salatblätter

FÜR DIE FRITTATA:
4 Eier
½ TL Salz
1 EL Olivenöl

1. Den Ofen auf 150 °C vorheizen.

2. Für die Frittata die Eier in eine Schüssel schlagen, 50 ml Wasser und Salz zugeben und mit einer Gabel zu einer gleichmäßigen Masse rühren.

3. Eine ofenfeste Pfanne mit Olivenöl einfetten, die Eiermasse hineingießen und im Ofen ca. 8 Minuten braten, bis die Frittata gestockt ist. Etwas abkühlen lassen, in Stücke schneiden und mit einem Pfannenwender lösen.

4. Das Baguette oder die Brötchen aufschneiden, mit Frischkäse bestreichen und mit Salami, Frittata und ein paar Salatblättern belegen. Das Baguette in Stücke schneiden und die Sandwiches vor dem Essen nicht zu lange liegen lassen.

PFIFFIGE PICKNICKDECKEN

In der Natur auf einer Decke zu sitzen ist wunderbar, bis die Feuchtigkeit durch die Decke gedrungen ist, und noch schlimmer, bis man sie zusammenrollen und nach Hause gehen will, sie aber auf der Unterseite voller Gras und Erde ist. Mit anderen Worten ist man oft im Zwiespalt, ob man seine Lieblingsdecke mit auf einen Ausflug nehmen soll. So löst ihr das Problem!

Ihr braucht: 1 Lieblingsdecke, Wachstuch als Meterware, ca. 20 Druckknöpfe (gibt es im Stoffladen)

1. Die Decke ausmessen und ein genauso großes Stück Wachstuch kaufen.

2. Die Rückseite des Wachstuchs gegen die Rückseite der Decke legen und die Druckknöpfe befestigen, den unteren Teil am Wachstuch und den oberen an der Decke, einfach den Anweisungen auf der Knopfpackung folgen. Die Knöpfe alle paar Zentimeter am Rand entlang befestigen, sodass das Wachstuch unter der Decke festgeknöpft werden kann (auf diese Weise kann man das Wachstuch wieder abknöpfen, wenn die Decke gewaschen werden muss).

Eingebackene Wurst
mit Kräutern und Bacon

In Portugal isst man Pão com chouriço, wie man in Schweden Hot Dogs isst. Wir haben uns von der portugiesischen Wurst inspirieren lassen und eine Variante mit besonders vielen Gewürzen gemacht. Man kann sie auch auf dem Grill mit Deckel bei indirekter Hitze zubereiten. Dann ist die Backzeit etwas länger, aber es gibt schöne Raucharomen. Der Senf kann natürlich durch andere leckere Saucen ersetzt werden: Ketchup, scharfe Salsa, frisch geriebener Meerrettich, BBQ-Sauce oder was man sonst gerne zu Wurst isst. Es gibt leckere lange polnische Würste, die sich für dieses Gericht gut eignen.

ERGIBT 6–8 KLEINE PORTIONEN

FÜR DEN TEIG:
¼ l lauwarmes Wasser (37 °C)
1 EL Zucker
1 TL Salz
1 EL Paprikapulver
1 EL fein gehackter frischer oder ½ EL getrockneter Oregano
2 EL Olivenöl
12,5 g Hefe
Ca. 420 g Weizenmehl
1 verquirltes Ei

FÜR DIE FÜLLUNG:
2 lange Würste (ca. 30 cm) oder 4 halb so lange Würste
280 g Bacon
2 EL Senf
Frisch gemahlener schwarzer Pfeffer

1. Wasser, Zucker, Salz, Paprikapulver, Oregano, Öl und Hefe in einer großen Schüssel verrühren, bis sich die Hefe aufgelöst hat.

2. Das Mehl untermischen und alles zu einem geschmeidigen Teig verarbeiten (Jens knetet den Teig immer in der Schüssel, aber das kann man machen, wie man will). Unter einem Geschirrtuch 30 Minuten gehen lassen.

3. Den Ofen auf 200 °C vorheizen. Den Teig zu zwei (oder vier) 5 mm dicken Rechtecken ausrollen, die genauso lang sind wie die Würste.

4. Den Teig mit Baconscheiben bedecken. Mit Senf bestreichen, pfeffern und die Würste darauflegen. Den Teig um die Würste rollen und mit etwas Wasser befestigen. Auf ein gefettetes Backblech legen.

5. Die Rollen mit dem verquirlten Ei bestreichen und in ca. 20 Minuten goldbraun backen. Der Teig sollte durchgebacken und die Würste warm sein.

Cornish Pasties

Der Name für diese klassischen kleinen Pasteten aus Cornwall ist markenrechtlich geschützt. Sie müssen also bestimmte Bedingungen erfüllen, um als Cornish Pasty verkauft zu werden. Dies ist eine traditionelle Variante.

ERGIBT 6 KLEINE PASTETEN

FÜR DEN TEIG:
360 g Weizenmehl
½ TL Senfpulver
1 TL Salz
125 g Butter
1–2 EL kaltes Wasser
1 verquirltes Ei

FÜR DIE FÜLLUNG:
100 g fein gewürfelte Steckrübe
100 g fein gewürfelte Kartoffeln
1 grob gehackte Zwiebel
200 g Rinderhackfleisch
Ca. 3 EL gehackte Petersilie
Salz und frisch gemahlener schwarzer Pfeffer
½ TL Dijonsenf
1 TL frisch geriebener Meerrettich
50 g Butter, in Würfeln

1. Mehl, Senfpulver, Salz und Butter vermengen. Das Wasser zugeben und alles zu einem glatten Teig verkneten. Mindestens 1 Stunde unter einem Geschirrtuch oder über Nacht im Kühlschrank ruhen lassen.

2. Alle Zutaten für die Füllung vermengen.

3. Den Ofen auf 200 °C vorheizen.

4. Den Teig 3–4 mm dick ausrollen. Mithilfe eines Untertellers und eines Messers sechs Kreise ausschneiden. Die Füllung auf den sechs Kreisen verteilen. Den Teig zu einem Halbmond über der Füllung zusammenfalten und die Pasteten mit etwas Wasser zusammenkleben.

5. Die Pasteten mit Ei bestreichen und 20–25 Minuten backen. Abkühlen lassen und lauwarm oder kalt essen.

Aromatisierter Zucker
zu Früchten und Beeren

Kardamom-Vanille-Zucker zu Erdbeeren, Minz- oder Zitronengras-Zucker zu Wassermelone, Beerenzucker zum Morgenmüsli. Mit einem selbst gemachten aromatisierten Zucker könnt ihr euch einfach und günstig den Alltag versüßen.

ERGIBT 4–6 PORTIONEN

85 g Zucker

WEITERE ZUTATEN:
- **1 Bund frische Minze oder 3 EL getrocknete Beeren**
- **1 fein gehackter Stängel Zitronengras, Abrieb von 1 Bio-Limette und ca. 1 TL geriebener frischer Ingwer**
- **1 Vanilleschote und 1 EL zerstoßener Kardamom**

1. Den Zucker mit Zutaten nach Belieben mixen.
2. Zu Früchten und Beeren servieren.

Cointreau-Erdbeeren

Dies ist ein geniales kleines Picknick-Dessert. Johanna hat es zum ersten Mal gegessen, als eine Freundin die Erdbeeren zu einem Cricket-Picknick mitbrachte.

ERGIBT 4–6 PORTIONEN

100 ml Cointreau
60 g Puderzucker
500 g Erdbeeren

1. Cointreau und Puderzucker jeweils in einen verschließbaren Behälter füllen.
2. Die Erdbeeren vor dem Essen hineintunken, zuerst in Cointreau, dann in Puderzucker.

Ottos belegte Melone

Jens' Sohn Otto hat ein lustiges Dessert erfunden, als er klein war: Eine Wassermelone in Scheiben schneiden und entkernen. Halbierte Erdbeeren darauflegen. So entsteht ein süßes »belegtes Brot«. Himbeeren und Honigmelone sind eine leckere Variante.

GOD!
TING
Chocolate Cake
1¾ cups sifted GOLD MEDAL "Kitchen-tested" Enriched Flour
together into
1½ cups sugar
*1¼ tsp. double-action baking pow
*½ tsp. soda
*1 tsp. salt
½ cup high grade vegetable shortening
Add
1 cup milk
1 tsp. vanilla
vigorously with spoon for 2 minutes by clock
per min.). You may rest a moment when bea
nt actual beating time or strokes.
slow to medium speed for 2 min. Scrape
frequently.
½ to ⅔ cup unbea
**2 sq. unsweete
(2 oz.), melt
½ tsp. red foo
2 more min., scraping bowl fre
prepared pans.
to 35 min. in quick moderate
hocolate Icing Deluxe (recipe
may use 6 tbsp. cocoa in place o
sp. and sift cocoa with dry ingredie
use Gold Medal Self-Rising Flou
baking powder; and reduce soda
CHOCOLATE IC
Beat with spoon or electric mixe
cups sifted confectioners' suga
2 squares unsweetened chocol

Gebäck und Kuchen

Der schwedische Sommer ist oft wechselhaft und unvorhersehbar. An einem Tag sintflutartiger Regen, am nächsten gleißende Sonne und kleine Wattewölkchen am klaren Himmel. Vielleicht ist das ein Glück, denn dann gibt es sowohl Wetter zum Kuchenbacken als auch zum Kuchenessen. Wenn die Sonne scheint, will man nicht in der Küche stehen, dann will man leckeres Gebäck im sonnigen Garten essen und dem Rauschen der Birken zuhören. Kaffee und Kuchen schmecken niemals so gut, wie wenn man dabei in die Sonne schielt und das Gras unter den Füßen kitzelt. Selbst gemachter Sirup mit klirrenden Eiswürfeln, knusprige Kekse mit Vanillearoma, weiches Gebäck mit Butter und Kardamom. So soll ein Sommernachmittag schmecken!

Bauernkekse

Am einfachsten ist es, den Teig mit kalter Butter in der Küchenmaschine zuzubereiten, aber wenn ihr keine habt, geht es natürlich auch mit den Händen – dann sollte die Butter aber zimmerwarm sein. Die Kekse werden auf jeden Fall knusprig und himmlisch lecker.

ERGIBT CA. 70 KEKSE

330 g Weizenmehl
170 g Zucker
1 TL Natron
200 g zimmerwarme Butter
1 EL heller Sirup
50 g grob gehackte Haselnüsse

1. Mehl, Zucker und Natron in einer Schüssel vermengen. Die Butter zugeben und mit den Fingern oder einer Gabel einarbeiten. Sirup, 1 EL Wasser und Nüsse zufügen und alles mit den Händen zügig zu einem Teig verkneten.

2. Den Teig in 4 Stücke teilen und jedes Stück zu einer Rolle (Ø ca. 4 cm) formen. Die Rollen in Frischhaltefolie wickeln und für ca. 1 Stunde in den Kühlschrank legen.

3. Den Ofen auf 200 °C vorheizen.

4. Die Rollen in 5 mm dicke Scheiben schneiden und diese mit etwas Abstand auf mit Backpapier belegten Blechen verteilen. Auf der mittleren Schiene in 8–10 Minuten goldbraun backen. Auf einem Gitter abkühlen lassen und in einer Keksdose aufbewahren.

Haferkekse

Leichte, knusprig dünne Kekse, die genauso gut zum frisch gemachten Erdbeersirup wie zu einem sommerlich kühlen Nachmittagseis passen.

ERGIBT CA. 35 KEKSE

100 g Butter
120 g Haferflocken
1 Ei
125 g Zucker
1 EL Weizenmehl
1 TL Backpulver

1. Den Ofen auf 175 °C vorheizen.

2. Die Butter bei schwacher Hitze schmelzen. Die Haferflocken zugeben und vorsichtig vermengen.

3. Ei und Zucker weiß und schaumig schlagen. Das Mehl mit dem Backpulver mischen und in die Eiermasse einrühren. Die Haferflockenmasse ebenfalls unterrühren.

4. Für jeden Keks ca. 1 TL Teig auf ein Blech mit Backpapier setzen. Abstand halten – die Kekse zerfließen ziemlich stark. Auf mittlerer Schiene 6–7 Minuten backen. Die Kekse abkühlen lassen und dann mit einem Pfannenwender vom Backpapier lösen. In einer Keksdose aufbewahren.

Dreierlei Kekse

Im Sommer ist die Lust auf Kekse am allergrößten. Warum also nicht schnell einen Teig machen und eine ganze Ladung unterschiedliche Kekse backen? Kekse mit und ohne Marmelade, Rauten, Kringel, Zimtkekse ... Der Fantasie sind keine Grenzen gesetzt! Verdoppelt die Teigmenge und ladet Kinder, Nachbarn oder Schwiegereltern ein, wenn ihr schon einmal beim Backen seid. Die Kekse auf dem Foto wurden in fein gehackten Haselnüssen gewälzt und mit kleinen Klecksen hausgemachter Marmelade garniert.

ERGIBT 20–30 KEKSE

FÜR DEN MÜRBETEIG:
140 g kalte Butter
50 g Puderzucker
1 TL Vanillezucker
¼ TL Salz
190 g Weizenmehl

MIT SCHOKOLADE:
Das Mehl durch 150 g Weizenmehl + 3 EL Kakao ersetzen

MIT MARMELADE:
75 g fein gehackte Haselnüsse + 50 g gute Marmelade

1. Den Ofen auf 200 °C vorheizen

2. Alle Zutaten in der Küchenmaschine zu einem Teig verarbeiten oder zimmerwarme Butter und beide Zuckersorten in einer Schüssel glatt rühren und dann Salz und Weizenmehl (oder Salz, Weizenmehl und Kakao) untermischen. Alles so rasch wie möglich zu einem geschmeidigen Teig verkneten.

3. Den Teig zu zwei Rollen formen (evtl. in gehackten Haselnüssen wenden) und in ca. 5 mm dicke Scheiben schneiden. Die Kekse auf Blechen mit Backpapier verteilen. Evtl. mit den Fingern eindrücken, sodass eine kleine Mulde entsteht, und einen Klecks Marmelade hineinfüllen.

4. Die Kekse 8–10 Minuten backen. Auf einem Gitter abkühlen lassen und in einem luftdichten Behälter aufbewahren.

Kardamomkringel

Johanna hat im Fernsehen einmal einen Bäcker gesehen, der zu der Buttermenge in seinem Gebäck befragt wurde. Da antwortete der Bäcker: »Meine Aufgabe ist es, Leckeres zu backen.« Dieses Hefegebäck würde er lieben!

ERGIBT CA. 40 STÜCK

50 g Hefe
½ l Milch
100 g zimmerwarme Butter
85 g Zucker
2 TL zerstoßener Kardamom
½ TL Salz
1 Ei
780–840 g Mehl

FÜR DIE FÜLLUNG:
150 g sehr kalte Butter
50 ml heller Sirup
85 g Zucker
2 EL fein zerstoßener Kardamom

AUSSERDEM:
1 verquirltes Ei zum Bestreichen
1 TL zerstoßener Kardamom
2 EL Rohrohrzucker

1. Die Hefe in eine Schüssel bröseln. Einen Schuss Milch zugießen und die Hefe darin auflösen. Restliche Milch, Butter, Zucker, Kardamom, Salz und Ei untermischen.

2. 720 g Mehl zufügen und gut unterkneten, dann nach und nach etwas mehr Mehl zugeben und den Teig dabei kräftig bearbeiten, bis er glänzend und fest ist. Die Schüssel mit einem Geschirrtuch abdecken und den Teig ca. 1 Stunde gehen lassen.

3. 1 Handvoll Mehl auf die Arbeitsfläche stäuben und den Teig daraufstürzen. Leicht kneten und in zwei Stücke teilen. Eine Teighälfte zu einem großen, länglichen, ca. 1 cm dicken Fladen ausrollen. Mit einem Küchenhobel 75 g kalte Butter darüberhobeln. Mit 25 ml Sirup beträufeln und mit der Hälfte des Zuckers und Kardamoms bestreuen.

4. Den Teig falten und in 2 cm breite Streifen schneiden. Die Enden jedes Streifens jeweils in eine andere Richtung drehen, dann zu einem losen Knoten formen. Das Gebäck in Papierförmchen setzen und auf einem Blech verteilen, abdecken und mit der anderen Teighälfte genauso verfahren. Die Kardamomkringel 30 Minuten gehen lassen.

5. Den Ofen auf 200 °C vorheizen. Jedes Gebäckstück mit Ei bestreichen und mit etwas zerstoßenem Kardamom und Rohrohrzucker bestreuen.

6. Die Kardamomkringel auf mittlerer Schiene ca. 10 Minuten backen. Dann auf einem Gitter unter einem Geschirrtuch abkühlen lassen.

SCHÖN GLÄNZENDES HEFEGEBÄCK

100 ml Wasser mit 100 g Zucker aufkochen. Das Zuckerwasser abkühlen lassen und auf frisch gebackenes Hefegebäck streichen.

WIMPELGIRLANDE

Eine hübsche Wimpelgirlande macht jeden Garten zu einem Festsaal. Fertigt die Wimpel aus buntem Papier, Tapeten oder Stoff, je nachdem, wie viel Arbeit ihr hineinstecken wollt und wie lange die Girlande halten soll.

Papier und Tapete könnt ihr entweder gleich in Dreiecke schneiden und befestigen, indem ihr eine Schnur durch Löcher in den oberen Enden der Dreiecke fädelt, oder ihr schneidet das Papier in Rauten, faltet sie über die Schnur und klebt sie zu einem Dreieck zusammen.

Eine Wimpelgirlande aus Stoff macht ihr am besten mit einem breiteren, gefalteten Kantenband, an dem man die Wimpel genau im Knick des Bandes feststeckt. Dann das halbe Kantenband darüberfalten und festnähen.

Mandeltorte

mit Zitronencreme und Erdbeeren

Dies ist eine supersaftige und reichhaltige Torte! Wenn ihr eine etwas einfachere Variante backen möchtet, könnt ihr die Zitronen- durch Vanillecreme aus der Tüte oder geschlagene Sahne mit ein paar Esslöffeln Lemon Curd ersetzen. Anstelle der Erdbeeren könnt ihr auch andere Beeren oder Früchte verwenden.

ERGIBT 8–10 PORTIONEN

1 EL Butter
20 g Mandelblättchen
350 g Marzipanrohmasse
150 g zimmerwarme Butter
3 Eier
60 g Zucker
40 g Kartoffelstärke
½ TL zerstoßener Kardamom

FÜR DIE ZITRONENCREME:

4 Eigelb
85 g Zucker
1 EL Weizenmehl
100 ml Schlagsahne
Abrieb und Saft von 1 Bio-Zitrone
75 g Butter

AUSSERDEM:

500 g Erdbeeren
Essbare Blumen (s. S. 40)

1. Den Ofen auf 175 °C vorheizen. Eine Springform (Ø ca. 24 cm) buttern und mit Mandelblättchen ausstreuen.

2. Das Marzipan grob in eine Schüssel reiben, die Butter in Stücken zugeben und beides zu einer homogenen Masse verrühren. Die Eier nacheinander untermischen. Zum Schluss Zucker, Kartoffelstärke und Kardamom untermengen. Den Teig in die Form füllen und glatt streichen. Den Kuchen 20–25 Minuten backen. Komplett auskühlen lassen.

3. Alle Zutaten für die Zitronencreme bis auf die Butter in einen Topf geben. Die Creme unter Rühren langsam und vorsichtig erhitzen, bis sie eindickt. Sie darf nicht kochen! Den Topf vom Herd nehmen und die Butter einrühren. Die Creme ganz auskühlen lassen.

4. Die Creme auf den Mandelboden streichen und mit Erdbeeren und Blüten dekorieren.

Mandelkörbchen

mit Beeren und Chantilly-Creme

Ein hübscheres Törtchen gibt es nicht! Statt die Kekse zu einem Körbchen zu formen, kann man sie auch flach lassen, dann kann man damit gut Desserts und Eis dekorieren.

ERGIBT CA. 12 TÖRTCHEN

100 g Mandelblättchen
85 g Zucker
100 g Butter
2 EL Weizenmehl
2 EL Milch
1 EL heller Sirup

FÜR DIE CHANTILLY-CREME:

300 ml Schlagsahne
1 TL Vanillezucker
1 EL Puderzucker

AUSSERDEM:

Ca. 250 g gemischte Beeren
Zitronenmelisse

1. Den Ofen auf 150 °C vorheizen.

2. Die Mandeln und die übrigen Zutaten für die Mandelkekse in einem kleinen Topf vermengen. Die Masse unter vorsichtigem Rühren zum Sieden bringen. Dann daraus 12 Kreise auf ein Blech mit Backpapier setzen.

3. Auf mittlerer Schiene ca. 8 Minuten backen, bis die Kekse etwas Farbe bekommen haben. Anschließend mit einem Messer lösen und vorsichtig über kleine umgedrehte Gläser legen. Ganz auskühlen lassen.

4. Die Sahne mit Vanille- und Puderzucker steif schlagen. Die Creme in die Körbchen geben und mit Beeren und Zitronenmelisse garnieren. Sofort servieren.

LUFTIGE ZITRONENCREME

Wer es noch luftiger und fluffiger mag, kann 200 ml geschlagene Sahne unter die fertige Creme heben.

INSEKTENNETZ FÜR GETRÄNKE

Bedeckt eure Getränke mit einem hübschen Netz, während ihr Boule spielt oder Drachen steigen lasst. Die Perlen halten das Netz am Platz, wenn es windig ist.

Ihr braucht: Spitzendeckchen oder Flor (ca. 50 x 50 cm), aufbügelbares Saumband + Bügeleisen, Perlen, Nadel und Faden

1. Einen Saum von ca. 1½ cm falten und bügeln.

2. Das Saumband hineinlegen und das Schutzpapier entfernen. Ein feuchtes Handtuch darauflegen und das Band mit dem Bügeleisen festdrücken (wenn zu große Löcher im Stoff sind, kann der Kleber austreten und festkleben, probiert es also am besten vorher aus).

3. Perlen an den Rändern des Tuches festnähen.

Rhabarbersirup

Ein kühler Rhabarbersirup schmeckt himmlisch in der Sommerhitze. Der Sirup hält sich ca. 1 Woche im Kühlschrank, also macht ihn lieber öfter als in großen Mengen.

ERGIBT CA. ½ L SIRUP

500 g Rhabarber
170 g Zucker
Saft von 1 Zitrone
Eiswürfel

1. Den Rhabarber putzen, aber nicht schälen, und in ca. 2 cm lange Stücke schneiden. Rhabarber, ½ l Wasser und Zucker in einen Topf geben und aufkochen. Den Topf beiseitestellen und den Sirup abkühlen lassen.

2. Den Rhabarber abseihen – wer mag, kann ihn anschließend für eine Tarte verwenden – und den Sirup auffangen.

3. Die Zitrone direkt in den Sirup pressen, reichlich Eiswürfel zugeben und mit kaltem Wasser zur gewünschten Konsistenz verdünnen.

Erdbeersirup

Wenn man keine allzu große Menge macht, ist Sirup kochen sehr einfach, und er schmeckt so lecker! Natürlich kann man die Rezeptmenge auch verdoppeln. Wenn man die Flasche gut sterilisiert, dann hält sich der Sirup ungeöffnet mehrere Monate im Kühlschrank.

ERGIBT CA. 1 L SIRUP

500 g Erdbeeren
1 Bio-Zitrone
210 g Zucker
½ TL Zitronensäure

1. Die Erdbeeren putzen, halbieren und in einen Topf geben.

2. Die Zitrone waschen und die äußere gelbe Schale mit einem Sparschäler abschälen. Den Saft auspressen und Saft und Schale in den Topf geben. ¼ l Wasser zugießen und bei mittlerer Hitze 10 Minuten kochen.

3. Den Topf vom Herd nehmen. Die Erdbeeren leicht zerdrücken und Zucker und Zitronensäure zufügen. Rühren, bis sich der Zucker aufgelöst hat.

4. Den Sirup durch ein Tuch oder ein feinmaschiges Sieb gießen und in sterilisierte Flaschen füllen.

STERILISIERTE FLASCHEN

Die Flaschen spülen, in den kalten Ofen legen und die Temperatur auf 125 °C stellen. Sobald die Temperatur erreicht ist, abschalten und die Flaschen im Ofen abkühlen lassen. Die sauberen Flaschen mit Sirup füllen!

Holunderblütensirup

Der erste Sirup des Sommers schmeckt blumig, frisch und süßsäuerlich. Herrlich in Bowlen, kalten Getränken und als Beize für frischen Lachs am Mittsommerabend (s. S. 33). Seid beim Pflücken von Holunder vorsichtig. Der Rote Holunder ist giftig, also lernt, die Sorten zu unterscheiden. Roter Holunder hat ein dunkles Mark, das austritt, wenn man den Zweig abbricht, und die Blüten sitzen traubenförmig. Die Blüten des echten Holunders sitzen flach und schirmförmig.

ERGIBT CA. 1 L SIRUP

20 Holunderblüten
3 Bio-Zitronen
15 g Zitronensäure
850–1000 g Zucker

1. Die Holunderblüten abspülen, auf ein weißes Handtuch legen und ggf. von Insekten befreien.

2. Die Zitronen waschen und in dünne Scheiben schneiden. Holunderblüten und Zitronenscheiben in eine saubere Schüssel schichten.

3. 1 l Wasser aufkochen und die Zitronensäure untermischen. Über den Holunder gießen. Zugedeckt 1–2 Tage kalt stellen.

4. Das Wasser in einen Topf abseihen und den Zucker unterrühren. Bis zur gewünschten Süße abschmecken. Aufkochen und 5 Minuten köcheln lassen. Abschäumen.

5. Den Sirup in sterilisierte Flaschen füllen (siehe S. 83).

SIRUP EINFRIEREN

Ihr könnt den Sirup auch in Plastikflaschen füllen und einfrieren, aber füllt die Flaschen nicht mehr als bis zu drei Vierteln, da sich die Flüssigkeit ausdehnt, wenn sie gefriert.

Preiselbeersirup

Dieser klassische Sirup hat in unserem Land schon viele Kehlen erfrischt und ist selbst gemacht unendlich viel besser als gekauft.

ERGIBT CA. 3 L

3 kg Preiselbeeren
50 g Zitronensäure oder Weinsäure
1,1 kg Zucker

1. Die Preiselbeeren putzen. Mit einem Stößel grob zerdrücken, ohne dass sie zu Brei werden. In eine weite Schüssel oder einen Eimer geben und 2 l Wasser und Zitronen- oder Weinsäure zufügen. Rühren, bis sich die Säure aufgelöst hat. Dunkel, kühl und gut zugedeckt 2 Tage stehen lassen. Jeden Tag mehrmals umrühren.

2. Die Masse in ein Passiertuch gießen, ein paar Stunden ablaufen lassen und den Saft auffangen.

3. Den Zucker mit dem Saft erhitzen und verrühren, bis er geschmolzen ist. Den Sirup in sterilisierte Flaschen füllen (s. S. 83) und kühl oder kalt aufbewahren. Der Sirup hält sich mehrere Monate.

Himbeersirup mit Minze

Mit einem Dampfentsafter ist es einfach, Sirup zu machen. Bei diesem Rezept fügt man den Zucker während des Dämpfens zu. Außerdem lässt man den ersten Saft noch einmal durchlaufen, um einen maximalen Beerengeschmack zu erzeugen.

ERGIBT CA. 2 L

1,25 kg Himbeeren, frisch oder aufgetaute Tiefkühlware
590 g Zucker
Evtl. Konservierungsstoff
2–3 Stängel grüne Minze

1. Die Beeren putzen und falls nötig kurz waschen. In den Dampfentsafter geben, den Zucker darüberstreuen und die Beeren ausdampfen lassen, bis sie keinen Saft mehr abgeben.

2. Den ersten Liter Saft zurück in den Dampfentsafter geben und erneut in den Topf laufen lassen. Evtl. Konservierungsstoff nach Packungsanweisung zufügen.

3. Den Sirup in sterilisierte Flaschen füllen (s. S. 83). Abkühlen lassen und in jede Flasche einen Stängel Minze legen. Kühl oder kalt aufbewahren. Der Sirup hält sich mehrere Monate.

Sommer im Glas

Im Sommer will man nicht wie festgewachsen am Herd stehen. Perfekt ist ein schnell und leicht zubereitetes Essen. Oft stopft man auf der Flucht nach draußen in die Sonne irgendetwas in sich hinein. Wer klug ist, bereitet sich auf die warmen Sommertage vor, indem er bei schlechterem Wetter Essen kocht, das sich lange hält. Während der Regentage tut ihr also gut daran, euren Kühlschrank mit Gerichten zu füllen, die außer lecker zu schmecken auch noch länger haltbar sind. Wenn ihr etwas größere Mengen von jedem Gericht macht, könnt ihr eine praktische Staffel in Gang bringen, bei der verschiedene Schüsseln und Behälter einander ablösen – ein ganzes Buffet im Kühlschrank. Wurst, Schinken und andere Fleischwaren, Salat, frisches Gemüse, leckerer Käse und frische Beeren sind geeignete Stapelware. Neben diesen herrlichen Rohwaren können außerdem ein paar selbst gemachte Konserven Platz finden. Wenn man viel auf einmal macht, ist es am effektivsten. Die Einmachgläser (mit Gummiring) könnt ihr für den Winter aufbewahren oder sofort auslöffeln.

Dosen sind mein Business
ПО ВЪЗДУ
PAR AVIO

Caponata
– Gemüse aus Sizilien

Caponata, ein sizilianisches Gemüsegericht, serviert man lauwarm zu gegrilltem Fleisch oder Fisch oder als Pastasauce. Sie hält sich mehrere Tage im Kühlschrank. Holt sie eine halbe Stunde vor dem Essen heraus, sodass sie zimmerwarm wird.

ERGIBT CA. 600 ML

1 große Aubergine
Salz
Insgesamt ca. 100 ml Olivenöl
1 fein gehackte Zwiebel
2 fein gehackte Stangen Staudensellerie
1 Knoblauchzehe
1 EL Zucker
50 ml Essig + evtl. etwas extra
2 gehäufte EL Tomatenmark
2–3 Tomaten, in Würfeln
2 EL Kapern
1 Handvoll schwarze Oliven
2 EL Pinienkerne
Frisch gemahlener Pfeffer
Evtl. fein gehacktes Basilikum oder Petersilie

1. Die Aubergine in 1½ cm große Würfel schneiden. In ein Sieb geben und mit ca. 1 EL Salz bestreuen. Ca. 1 Stunde abtropfen lassen.

2. Die Auberginenwürfel mit kaltem Wasser abspülen und mit Küchenpapier trocken tupfen. Anschließend ca. 10 Minuten in reichlich Öl braten, bis sie Farbe bekommen haben. Beiseitestellen.

3. Die gehackten Zwiebel- und Selleriestücke zusammen mit der Knoblauchzehe in einem Schuss Öl ein paar Minuten andünsten. Zucker, Essig und Tomatenmark zufügen und gut umrühren. 5 Minuten köcheln lassen.

4. Tomatenwürfel, Kapern, Oliven und Pinienkerne zufügen und die Temperatur reduzieren. Gut umrühren. 30 Minuten köcheln lassen und ab und zu rühren.

5. Mit Salz, Pfeffer und evtl. etwas Essig abschmecken. Nach Belieben Basilikum oder Petersilie in die Caponata mischen, sobald sie abgekühlt ist.

Eingelegte Zucchini

Diese leckeren Zucchini schmecken herrlich auf geröstetem Brot oder zu allen Gerichten, zu denen man sonst eingelegte Gurken isst. Garniert sie mit essbaren Blüten und nehmt ein Glas als Geschenk mit, wenn ihr zu einem Sommerfest eingeladen seid!

ERGIBT CA. 600 ML

2–3 mittelgroße Zucchini
2–3 rote Frühlingszwiebeln
½ EL Salz
½ fein gehackte rote Chilischote
Frischer Dill oder essbare Blumen (z. B. Kapuzinerkresse oder Ringelblumen)
350 ml Weißweinessig oder Apfelessig, oder jeweils die Hälfte von beidem
40 g Zucker

1. Zucchini und Frühlingszwiebeln putzen und in sehr dünne Scheiben schneiden. Mit Salz vermischen und in ein Sieb geben. Ca. 2 Stunden abtropfen lassen, sodass den Zucchini so viel Flüssigkeit entzogen wird wie möglich. Das Sieb ab und zu rütteln.

2. Zucchini und Zwiebeln mit Chili und Blüten in ein sterilisiertes Einmachglas füllen.

3. Essig und Zucker aufkochen, bis sich der Zucker aufgelöst hat. Den Sud über die Zucchini gießen und den Deckel schließen. Ganz abkühlen lassen.

4. Z. B. zu gegrilltem Fleisch oder Sauerteigtoast servieren. Die Zucchini halten sich 1–2 Wochen im Kühlschrank.

EINLEGEN

Früchte, Pilze oder Gemüse einzulegen ist einfach und praktisch. Es bewirkt eine natürlich lange Haltbarkeit, aber vor allem intensiviert und veredelt es die Aromen. Einkochen und fermentieren (mit Milchsäure), in süßsauren Sud einlegen oder in Fett einkochen (confieren) sind nur einige Methoden.

Im Sommer und am Herbstanfang gibt es unglaublich viele Kandidaten zum Einlegen: Beeren, Hülsenfrüchte, Kohl, Wurzelgemüse, Pilze wie Trompetenpfifferlinge und Röhrlinge – von Äpfeln, Birnen und Kirschen gar nicht zu sprechen. Die alten Methoden sind verlässlich und die Gewürze können bis ins Unendliche variiert werden. Man muss es nur ausprobieren.

Mixed Pickles

Ein Rezept, mit dem man so gut wie alle erdenklichen Gemüsesorten einlegen kann.

ERGIBT CA. 1½ L

1 kg gemischtes Gemüse (z. B. Auberginen, Zucchini, Frühlingszwiebeln, Möhren, Zuckerschoten, Wachsbohnen, Brechbohnen und vieles mehr)

FÜR DEN SUD:

½ TL Koriandersamen
½ TL braune Senfkörner
1 TL schwarze Pfefferkörner
½ TL Chiliflocken
1 EL Salz
1 l Apfelessig oder Malzessig
170 g Zucker

1. Das Gemüse putzen, schälen und nach Belieben schneiden.

2. Alle Zutaten für den Sud in einem Topf aufkochen und vom Herd nehmen.

3. Das Gemüse in ein sterilisiertes Einmachglas (oder in ein gut gespültes, wenn die Mixed Pickles nicht so lange aufbewahrt werden sollen) füllen. Den Sud darübergießen und dafür sorgen, dass alles bedeckt ist. Gummiring einlegen und den Deckel schließen. Abkühlen lassen. Die Mixed Pickles können bis zu 1 Monat aufbewahrt werden, sind aber schon nach ein paar Tagen verzehrfertig.

Sommerkimchi

Das meiste Gemüse kann fermentiert werden, besonders Bohnen bekommen dadurch eine tolle Konsistenz.

ERGIBT CA. 6 KLEINE PORTIONEN

300 g junge Brechbohnen oder Wachsbohnen
200 g Zucchini
1 TL Salz + etwas extra

FÜR DIE GEWÜRZMISCHUNG:

2 EL fein gehackter Knoblauch
2 EL fein gehackter Ingwer
1 EL fein gehackte grüne Chilischote
3 EL Fischsauce
2 TL Zucker
Evtl. 1 TL Gochujang (Asia-Laden)

1. Bohnen und Zucchini putzen. Die Zucchini in Scheiben schneiden. Wasser und Salz aufkochen und die Bohnen hineingeben. 3 Minuten sprudelnd kochen. In einem Sieb abschrecken und auf Küchenpapier abtropfen lassen.

2. Die Bohnen und Zucchinischeiben in eine große Schüssel geben. Mit Salz bestreuen und umrühren. 30 Minuten stehen lassen.

3. Währenddessen alle Zutaten für die Gewürzmischung in einer anderen Schüssel vermischen. Gut umrühren und abschmecken. Bohnen und Zucchini mit der Gewürzmischung vermengen.

4. Das Kimchi sofort essen oder im kältesten Teil des Kühlschranks bis zu 2 Wochen fermentieren (gären) lassen. Entweder in einer Schüssel mit einem umgedrehten Dessertteller darauf oder in einem Einmachglas mit Gummiring aufbewahren.

Lachsrillette

Eine cremige Paste aus gekochtem und geräuchertem Lachs mit Butter. Schmeckt so herrlich, wie es klingt! Einfach auf frisch geröstetes Brot streichen und als Vorspeise, Snack oder zu einem leichten sommerlichen Lunch genießen. Eine perfekte Konserve, die man auf Vorrat im Kühlschrank lagern kann. Sie hält sich dort ca. 1 Woche.

ERGIBT CA. 300 G

225 g frischer Lachs ohne Haut und Knochen
Salz
2 fein gehackte Schalotten
50 g zimmerwarme Butter + 2 EL extra zum Braten
1 EL Crème fraîche
150 g warm geräucherter Lachs
Abrieb + 1 EL Saft von 1 Bio-Zitrone
½ EL kaltgepresstes Rapsöl
1 Eigelb
1 EL Sherryessig
1 EL fein gehackter Dill

AUSSERDEM:
Ein paar weitere Stängel Dill
50 g zerlassene Butter, abgekühlt

1. Den Lachs in leicht gesalzenem Wasser 5 Minuten sieden lassen. Abtropfen und abkühlen lassen. Die Schalotten in 2 EL Butter weich und glasig dünsten. Abkühlen lassen.

2. Die Butter weiß und schaumig schlagen, dann die Crème fraîche untermischen. Den gekochten und den geräucherten Lachs auseinanderzupfen und mit den Schalotten zugeben. Zitronenabrieb und -saft, Öl, Eigelb, Essig und Dill zufügen und alles zu einer homogenen Creme verrühren. Rillette in Einmachgläser füllen, gut festdrücken und einen knappen Zentimeter Luft nach oben lassen.

3. Mit Dillstängeln garnieren und die zerlassene Butter daraufgeben. Die Paste vor dem Essen 24 Stunden durchziehen lassen.

4. Mit geröstetem Brot, Cornichons, eingelegten Ringelbeten, Kapern oder Radieschen servieren und zum Schluss etwas schwarzen Pfeffer darübermahlen.

Entenrillette

Diese wunderbare Creme hält sich im Kühlschrank mehrere Wochen. Auf frisch geröstetes Brot streichen oder mit guten Schinken- und Wurstsorten auf einem kleinen Teller zum Mittagessen servieren.

ERGIBT 2 EINMACHGLÄSER (À CA. 150 ML)

2 Entenkeulen
3 fein gehackte Stängel Thymian
2 fein gehackte Knoblauchzehen
¼ TL frisch geriebene Muskatnuss
1 TL Salzflocken + etwas extra
Frisch gemahlener schwarzer Pfeffer
400 ml Entenschmalz
2 Lorbeerblätter

1. Die Entenkeulen mit Thymian, Knoblauch, Muskat, Salz und Pfeffer einreiben. Am besten über Nacht im Kühlschrank ziehen lassen.

2. Den Ofen auf 140 °C vorheizen.

3. Die Entenkeulen in eine ofenfeste Form legen und mit dem Schmalz bedecken. Die Form mit Alufolie zudecken und das Fleisch 3–4 Stunden im Ofen braten. Wenn sich das Fleisch leicht vom Knochen lösen lässt, ist es fertig. Etwas abkühlen lassen, auslösen und Haut und evtl. harte Fettstreifen entfernen.

4. Das Fett durch ein Sieb in einen Behälter abgießen und das Fleisch in eine Schüssel geben. Ein paar Minuten mit einem Rührgerät schlagen, bis es fein und faserig ist. Mit Salz und Pfeffer abschmecken. Rilette in saubere Einmachgläser füllen und gut festdrücken. Mit Lorbeerblättern garnieren.

5. Das abgegossene Fett für ca. 30 Minuten in den Kühlschrank stellen, sodass es leicht zähflüssig wird. Dann über die Rilettes löffeln und die Deckel verschließen. Die Creme vor dem Essen ein paar Tage ziehen lassen.

6. Mit geröstetem Brot, Cornichons, eingelegten Ringelbeten, Kapern oder Radieschen und etwas frisch gemahlenem schwarzen Pfeffer servieren.

LÅNGFIL

Wenn Jens bei seinen Großeltern in Gävle war, gab es immer Långfil. Dieses nordschwedische Sauermilchprodukt (online erhältlich) bekommt seine besondere Konsistenz dadurch, dass es bei kälteren Temperaturen und außerdem länger gesäuert wird als andere Dickmilchsorten. Långfil schmeckt frisch und leicht und passt deshalb gut zum Sommer.

Wenn man Långfil aus der Packung gießt, bleibt sie sozusagen ganz, da sie sehr zähflüssig und sämig ist (damit beginnen gerade Dessertköche und Konditoren herumzuexperimentieren). Man kann sie sogar mit einer Schere abschneiden – ein guter Showeffekt!

Wer will, streut zerbröseltes Knäckebrot darüber. Lecker!

Mandelcrumble

oder Kuchen aus dem Glas

Dies sind leckere Streusel, die man gut lagern und zu frisch gepflückten Beeren mit Sahne oder Joghurt servieren kann. Sie halten sich mindestens 1 Woche und können einen regnerischen Campingabend wirklich aufpeppen.

ERGIBT MINDESTENS 10 PORTIONEN

200 g Butter
180 g Weizenmehl
125 g Zucker
Ca. 100 g Mandelmehl oder fein gemixte Mandeln
1 TL Salz
20 g Mandelblättchen

1. Den Ofen auf 180 °C vorheizen.

2. Die Butter in einem kleinen Topf erhitzen, bis sie etwas dunkler wird. Beiseitestellen und abkühlen lassen.

3. Weizenmehl, Zucker, Mandelmehl oder fein gemixte Mandeln und Salz vermengen. Die zerlassene Butter darübergießen und gut untermischen. Die Mandelblättchen ebenfalls untermengen.

4. Den streuseligen Teig auf einem Blech mit Backpapier verteilen. In den Ofen schieben und 25–30 Minuten backen. Ungefähr alle 10 Minuten umrühren, sodass das Crumble nicht anbrennt.

5. Herausnehmen und komplett auskühlen lassen. In einem luftdichten Behälter aufbewahren. Die Streusel halten sich mindestens 1 Woche.

Luxus-Knuspermüsli

Ein unglaublich leckeres Müsli, das euch zusammen mit Frühstücksjoghurt zu einem traumhaften Start in den Tag verhilft! Wenn ihr wollt, könnt ihr es auch wunderbar als Dessert servieren.

ERGIBT MINDESTENS 10 PORTIONEN

250 g Haferflocken
50 g Sonnenblumenkerne
50 g grob gehackte Mandeln
50 g grob gehackte Walnüsse
50 g grob gehackte Pekannüsse
½ TL Salz
75 ml Sonnenblumenöl
60 g Rohrohrzucker
3 EL flüssiger Honig
2 EL Ahornsirup
½ TL echtes Vanillepulver

1. Den Ofen auf 160 °C vorheizen.

2. Haferflocken, Sonnenblumenkerne, Nüsse und Salz in einer Schüssel vermengen. Öl, Zucker, Honig, Sirup und Vanille in einem Topf erhitzen und verrühren, bis sich der Zucker aufgelöst hat. Dann gut mit den Nüssen in der Schüssel mischen.

3. Das Müsli auf einem Blech mit Backpapier verteilen und 25–30 Minuten im Ofen rösten. Das Blech während des Backens ein paarmal herausnehmen und das Müsli durchmischen. Abkühlen lassen und trocken aufbewahren.

Sonnentage

Wenn Sommer ist, die Sonne hoch am Himmel steht und Luft und Wasser warm sind, ist es Zeit für ein leichtes, erfrischendes Essen. Dann will man nicht stundenlang in der Küche stehen, sondern schnell etwas Einfaches zaubern – und auf zum Steg, zum Wasserball und zu blauen Wellen. Man wählt schnelle Gerichte wie kalte Suppen, Salate und kurz gebratenen Fisch. Die Tage sollen entspannt sein und das Essen nicht allzu schwer, sodass man mehr Zeit mit Baden, Spielen und Lesen verbringen kann.

7
46
EL SOL
tan, the new
protection — never a blister —
Tartan's proved and tested prote
1 NO PAINFUL BURN! Tar
90% of the sun's burning
below 3130 angstrom un
2 A GLORIOUS TAN! Tartan adm
of the healthful tanning rays of
(the rays above 3130 angstrom
3 IT'S STAINLESS! Tartan co
or tannic acid — keeps tow
bathing attire cleaner.
4 IT'S GREASELESS
your best when you
Tartan's invisible
is non-greasy, no
or dirt can cling t
PLACE STAMP HERE
e Croft,
HAM, Glos.,
RD England.
th October, 1963
O.K. I think
have had in
n Cheltenham.
oping to come
or October 14th
ka, and I have
With best

Ei auf Florentiner Art

Ein wunderbar leichtes Mittagessen mit vielen leckeren Zutaten – Hollandaise, pochierte Eier, Lachs und gegrillter Spargel. Ersetzt man den Spargel durch gedünsteten Spinat, wird das Gericht noch klassischer.

ERGIBT 4 PORTIONEN

250 g grüner Spargel
1 EL Branntweinessig (12 %)
4 Eier
Ein paar Blätter Babyspinat oder anderer Salat
Ein paar Kirschtomaten
4 Scheiben geräucherter oder gebeizter Lachs
4 geröstete Scheiben helles Sauerteigbrot
2 EL geröstete Pinienkerne

FÜR DIE SAUCE HOLLANDAISE:

2 Eigelb
2 EL Wasser oder Weißwein
100 g zerlassene Butter, abgekühlt
½ EL frisch gepresster Zitronensaft
Salz und frisch gemahlener schwarzer Pfeffer

1. Die holzigen Enden der Spargelstangen entfernen. Den Spargel in einer trockenen Grillpfanne braten, bis er Farbe bekommen hat.

2. Für die Sauce Eigelbe und Wasser oder Wein in einem kleinen Topf mit dickem Boden mischen und bei geringer Hitze unter ständigem Rühren mit einem Schneebesen eindicken lassen. Vom Herd nehmen und die flüssige Butter einrühren. Die Sauce soll hellcremig werden. Mit Zitronensaft, Salz und Pfeffer abschmecken.

3. 1 l Wasser in einem weiten Topf oder einer Pfanne mit hohem Rand aufkochen. Branntweinessig zufügen. Die Eier nacheinander pochieren. Dazu das Ei in eine kleine Tasse schlagen. Das Wasser durch schnelles Rühren am Rand des Topfes in Bewegung bringen. Das Ei in die Mitte des Wasserwirbels gießen. Weiterrühren, während das Ei pochiert wird. Ein paar Minuten köcheln lassen, bis das Eiweiß fest, aber das Eigelb noch flüssig ist. Das Ei vorsichtig mit einem Schaumlöffel herausholen. Mit den restlichen Eiern genauso verfahren.

4. Spinat oder Salat, Tomaten, Ei, Lachs und Spargel auf das Brot legen. Mit Pinienkernen bestreuen und mit Sauce hollandaise beträufeln.

Schnittlauch-Omelette
mit geräucherter Flunder

Ein leckeres, luftiges Omelette ist eine appetitliche Beilage zu warmem Fisch. Mit geräucherter Flunder schmeckt es besonders lecker, aber man kann auch einen anderen warm geräucherten Fisch verwenden.

ERGIBT 1 PORTION

1 geräucherte Flunder oder ca. 150 g geräuchertes Fischfilet

FÜR DAS OMELETTE:

1 Ei
50 ml Schlagsahne
1 TL fein gehackter Schnittlauch
¼ TL Salz
Frisch gemahlener weißer Pfeffer

AUSSERDEM:

Öl zum Braten
Evtl. etwas Schnittlauch zum Bestreuen

1. Den Fisch evtl. häuten und die Gräten entfernen (man kann ihn aber auch so servieren, wie er ist).

2. Ei, Sahne, Schnittlauch, Salz und Pfeffer mit einer Gabel zu einer luftigen Masse vermischen.

3. Eine kleine Pfanne erhitzen und etwas Öl hineingießen. Sobald es heiß ist, die Eiermasse zugeben und gleichzeitig verrühren und die Pfanne rütteln. Das Omelette in weniger als ½ Minute fertig braten.

4. Das Mini-Omelette evtl. mit etwas Schnittlauch bestreuen und zusammen mit dem Fisch servieren.

Melonen-Feta-Salat
mit Zitronenvinaigrette

Ein richtig leichter und erfrischender Sommersalat.

ERGIBT 4 PORTIONEN

½ Wassermelone, in Würfeln
200 g Feta, in Würfeln
1 geschälte Gurke, in Würfeln
Gehackte Minze zum Garnieren

FÜR DIE ZITRONENVINAIGRETTE:
4 EL Olivenöl
Abrieb und Saft von 1 Bio-Zitrone
½ fein gehackte rote Chilischote
1 EL fein gehackte Minze
Salzflocken

1. Die Vinaigrette anrühren und mit Salz abschmecken.

2. Alle Zutaten für den Salat in eine Schüssel geben und mit der Vinaigrette vermengen. Bis zum Servieren kalt stellen.

3. Mit frischer Minze garnieren. Den Salat zu Gegrilltem oder als Teil eines Buffets servieren.

Grüner Salat

Vermischt verschiedene Salatsorten (z. B. Rucola, Chicorée, Babymangold, Feld-, Romana-, Eisberg- und Pflücksalat).

WEITERE MÖGLICHE ZUTATEN:
- **Avocado, in Scheiben**
- **Halbierte Kirschtomaten**
- **Fein geschnittene oder geriebene Möhren**
- **Fein geschnittener Fenchel**
- **Geröstete Pinienkerne**

DIE BASIS FÜR DAS DRESSING:
3 Teile Olivenöl
1 Teil Essig oder frisch gepresster Zitronensaft
Salz und frisch gemahlener schwarzer Pfeffer

WÜRZEN KANN MAN BEISPIELSWEISE MIT:
- **Knoblauch**
- **Französischem Senf**
- **Kräutern**
- **Zitronenabrieb**
- **Honig**

Green Goddess

Warum dieser amerikanische Saucenklassiker nicht öfter serviert wird, ist ein Mysterium.

ERGIBT 4–6 PORTIONEN

100 g Mayonnaise, am besten selbst gemacht (s. S. 162)
100 g Crème fraîche
1 geschälte, entkernte Avocado
Ca. 3 EL gehackte Frühlingszwiebeln
2 EL gehackte glatte Petersilie
1 EL gehackter Schnittlauch
2–3 Basilikumblätter
Saft von ½ Zitrone
2 Sardellen
Salz und frisch gemahlener schwarzer Pfeffer

1. Alle Zutaten in einen Behälter geben und mit einem Stabmixer zu einer Sauce pürieren.

2. Die Sauce kalt zu Hühnchen-, Lachs- oder Krabbensalat servieren oder als Dip zu Garnelen oder anderen Meeresfrüchten.

Caesardressing

Ausgehend vom Original, haben wir ein glatteres, cremigeres und intensiveres Dressing gemacht. Es kann entweder klassisch zu einem Romanasalat mit Tomaten, Gurken, Croûtons, gebratenem Hühnchen und Bacon serviert oder für andere Salate verwendet werden.

ERGIBT CA. 350 ML ODER 6–8 PORTIONEN

2 Eier
3 EL frisch gepresster Zitronensaft
1 geschälte Knoblauchzehe
Frisch gemahlener schwarzer Pfeffer
2 TL Dijonsenf
50 g geriebener Parmesan
200 ml mildes Olivenöl
100 ml Schlagsahne
Salz nach Geschmack

1. Alle Zutaten in eine Schüssel geben und mit einem Stabmixer pürieren. Mit Salz abschmecken und in den Kühlschrank stellen. Die Sauce dickt innerhalb von ca. 1 Stunde ein.

2. Das Dressing kalt oder lauwarm servieren.

ITALIENISCHER SALAT

In Italien gibt es ein Sprichwort darüber, wie man den perfekten Salat macht: »Um einen Salat zuzubereiten, braucht man vier Leute. Einen Weisen, der salzt, einen Großzügigen, der das Öl hineingießt, einen Geizigen, der den Essig zugibt, und einen Verrückten, der mischt …«

Bückling in gekochter Vinaigrette

Wenn man eine Vinaigrette kocht, wird der Geschmack auf eine tolle Art intensiviert. Hier ist eine mediterran inspirierte Sauce, die dem Bückling einen interessanten Geschmack verleiht. Mit gekochten neuen Kartoffeln wird es ein einfaches Mittagsgericht, am besten passt es aber auf ein Sommerbuffet.

ERGIBT 4 NORMALE ODER 8 KLEINE PORTIONEN

4 Bücklinge oder Kipper ohne Gräten

FÜR DIE VINAIGRETTE:
50 ml gutes Olivenöl
2 fein gehackte Schalotten
2 fein gehackte oder gepresste Knoblauchzehen
1 kleine Möhre, in Scheiben
1 Stange Staudensellerie, in Scheiben
2 fein gehackte Sardellenfilets
5 fein gehackte Blätter frisches Basilikum
1½ EL Rotweinessig
Salz und frisch gemahlener schwarzer Pfeffer

AUSSERDEM:
Basilikum, in feinen Streifen

1. Das Öl in einem Topf erhitzen. Schalotten, Knoblauch, Möhre, Sellerie, Sardellen und Basilikum ca. 10 Minuten bei geringer Hitze dünsten, bis die Schalotten glasig sind und alles aromatisch duftet.

2. Den Essig zugießen und alles ein paar Minuten leicht köcheln lassen. Zum Abkühlen beiseitestellen.

3. Die Bücklinge halbieren, häuten und auf einen Teller legen. Die zimmerwarme Vinaigrette darübergießen. Mit frischem Basilikum bestreuen und servieren.

Flussbarsch Burro e Salvia

mit Gurkensalat

Diesen leckeren Fisch hat Johanna vor ein paar Jahren an einem herrlichen Sommertag am Lago d'Iseo in Norditalien gegessen – es war Liebe auf den ersten Bissen. In all seiner Einfachheit ist ein Gurkensalat eine tolle Beilage zum Flussbarsch. Im Sommer schmeckt Gurke viel intensiver, und in Kombination mit Minze wird sie überraschend aromatisch.

ERGIBT 4 PORTIONEN

10 Salbeiblätter
50 g Butter
Ca. 600 g ausgenommener, filetierter Flussbarsch
Salz und frisch gemahlener schwarzer Pfeffer

FÜR DEN GURKENSALAT:
1 Gurke
2–3 EL Olivenöl
Abrieb und Saft von ½ Bio-Zitrone
½ TL Salzflocken
1 Stängel frische Minze, die Blätter fein geschnitten

1. Die Gurke schälen und der Länge nach halbieren. Entkernen und das Fruchtfleisch in grobe Stücke schneiden.

2. Die Gurkenstücke mit Olivenöl, Zitronenabrieb und -saft, Salz und Minze mischen.

3. Die Salbeiblätter in der Butter anbräunen. Die Flussbarschfilets zugeben und auf jeder Seite ein paar Minuten braten, bis das Fleisch weiß ist und leicht auseinanderfällt, wenn man mit einer Gabel hineinsticht. Mit Salz und Pfeffer würzen.

4. Den Flussbarsch auf einen Teller legen und die Salbeibutter darüberträufeln. Mit den gebratenen Salbeiblättern garnieren und mit Gurkensalat servieren.

SELBST GEMACHTE ANGEL

Angeln ist meditativ und aufregend. Beginnt den Tag damit, eine Angel zu schnitzen, und schließt ihn ab, indem ihr den Fang über dem knisternden Feuer grillt. Wer Vegetarier ist, kann den Punkt mit dem Haken einfach weglassen – dann bekommt man ein Naturerlebnis, ohne Angst haben zu müssen, dass einer anbeißt.

Ihr braucht: Holzstange, Schnitzmesser, Angelschnur, Korken, Nagel, Schere, Angelhaken, Bleigewicht, Zange, Feder

1. Eine gerade Holzstange bzw. einen dünnen Ast auswählen, z.B. von Hasel, Eberesche oder Birke. Alle Zweige abschneiden.

2. Ganz oben am dünnen Ende rundherum einritzen und die Angelschnur festknoten. Mit einem spitzen Nagel ein Loch durch die Mitte des Korkens machen, die Angelschnur durchziehen und in geeigneter Länge abschneiden. Sie soll mindestens so lang sein wie die Angel.

3. Den Haken festknoten und das Bleigewicht 10 cm über dem Haken mit einer Zange festklemmen. Den Korken verschließen, indem man die Feder in das Loch steckt.

4. Auswerfen und warten, bis einer anbeißt.

Plattfisch

mit Preiselbeeren und kalter Sahne

Früher hat man öfter ungeschlagene Sahne gegessen. Im Sommer ist sie zu gebratenem Fisch besonders lecker und erfrischend.

ERGIBT 4 PORTIONEN

4 küchenfertige ganze kleine Schollen oder Flundern (oder 600 g Plattfischfilet)
Salz und frisch gemahlener weißer Pfeffer
60 g Weizenmehl
2 EL Butter + 2 EL Öl

AUSSERDEM:

200 ml Sahne
Preiselbeermarmelade
Gekochte neue Kartoffeln
Zitronenspalten
Reichlich grob gehackte Petersilie

1. Die Fische mehrmals einschneiden. Rundherum salzen und pfeffern und in Mehl wenden.

2. Butter und Öl in einer großen Pfanne erhitzen und die Fische bei starker Hitze auf jeder Seite ca. 4 Minuten braten. Vom Herd nehmen und ein paar Minuten ruhen lassen.

3. Die Fische mit kalter Sahne, Preiselbeermarmelade, Kartoffeln, Zitronenspalten und Petersilie servieren.

Panierter Zander

mit Rhabarbersauce

Ihr könnt wählen, ob ihr den Zander mit Haferflocken oder Roggenmehl panieren wollt. Der Rhabarber ist ziemlich säuerlich und passt nicht nur zu süßen Gerichten, sondern kann auch für eine Fischsauce wie diese verwendet werden. Ihr könnt ihn aber auch durch Stachelbeeren ersetzen.

ERGIBT 4 PORTIONEN

300 g Zanderfilet ohne Haut (oder Filet von Flussbarsch, Lavaret oder Strömling)
1 TL Salzflocken
120 g Mehl oder 80 g Haferflocken
1 EL Butter + 1 EL Öl

FÜR DIE RHABARBERSAUCE:

4 Stangen Rhabarber (oder 250–300 g unreife Stachelbeeren)
1 TL Salz
1 Zwiebel, in Ringen
1 Pastinake, in Würfeln
12 schwarze Pfefferkörner
2 Lorbeerblätter
200 ml Sahne
¼–¾ TL Cayennepfeffer
75 g Butter

1. Die Fischfilets 20–30 Minuten vor dem Braten auf beiden Seiten salzen. Die Filets im Kühlschrank ziehen lassen.

2. Den Rhabarber schälen und in kleine Stücke schneiden. Mit 800 ml Wasser, Salz, Zwiebel, Pastinake, Pfeffer und Lorbeerblättern in einem weiten Topf aufkochen. 15 Minuten köcheln lassen. Die Sauce durch ein Sieb gießen, dabei sorgfältig den Saft aus dem Rhabarber und dem Wurzelgemüse pressen.

3. Den Sud köcheln lassen, bis ca. 100 ml übrig sind. Sahne und Cayennepfeffer zufügen und weitere 5 Minuten köcheln lassen. Abschmecken und warm halten.

4. Den Ofen auf 50 °C vorheizen.

5. Eine weite Pfanne erhitzen. Die Fischfilets in Mehl oder Haferflocken wenden und in Butter und Öl goldbraun braten.

6. Den Fisch im Ofen in ca. 10 Minuten fertig garen (die niedrige Temperatur hält ihn saftig). Er ist gar, wenn er sich bei leichtem Druck mit dem Finger teilt.

7. Die Butter in die Sauce rühren und den Fisch sofort mit Rhabarbersauce und nach Belieben mit gekochten Kartoffeln servieren.

SCHATZSUCHE

Gibt es Kinder in der Nähe? Beschäftigt sie mit einer Schatzsuche! Beginnt mit einer Flaschenpost oder einem vergilbten Papier mit einer Nachricht, die die Kinder »zufällig« finden. Die Nachricht kann ein Rätsel oder eine Karte sein, die sie zu einer weiteren Nachricht mit Hinweisen auf einen neuen Platz führt, und so weiter. Zum Schluss finden sie dann einen Schatz, den ihr versteckt habt. Der Schatz kann alles Mögliche sein – Süßigkeiten, ein altes Buch, Kinokarten, ein Gutschein für einen Ausflug zum Baden oder alte (am besten noch gültige) Geldscheine oder Münzen.

Um Papier alt wirken zu lassen, könnt ihr es in kalten Kaffee oder Tee tauchen. Oder ihr verwendet antike Stempel, Kuverts oder eine alte Flasche.

Den Schatz könnt ihr natürlich vergraben oder auch in einem Baum aufhängen, unter einer alten Treppe verstecken oder Ähnliches. Viel Glück! Und nicht vergessen: Setzt während der Suche eine unwissende Miene auf!

Semlor

Diese Hefebrötchen schmecken frisch am besten und sollten an dem Tag gegessen werden, an dem man sie backt.

ERGIBT 12 BRÖTCHEN

75 g Butter
300 ml Vollmilch
50 g Hefe
½ TL Salz
85 g Zucker
1 Ei
1 TL Hirschhornsalz
Ca. 600 g Weizenmehl
1 verquirltes Ei zum Bestreichen

1. Die Butter in einem Topf schmelzen, die Milch zufügen und alles leicht erwärmen (auf ca. 37 °C). Die Hefe in eine Schüssel bröseln und die Flüssigkeit darübergießen. Rühren, bis sich die Hefe aufgelöst hat.

2. Salz, Zucker, Ei und Hirschhornsalz untermischen. Nach und nach ca. 540 g Mehl zufügen und alles zu einem geschmeidigen Teig verkneten. Zugedeckt ca. 30 Minuten gehen lassen.

3. Den Teig mit dem restlichen Mehl verkneten. In zwölf gleich große Stücke teilen und zu Brötchen formen. Weitere 30 Minuten gehen lassen.

4. Den Ofen auf 225 °C vorheizen.

5. Die Brötchen mit verquirltem Ei bestreichen. Auf der mittleren Schiene des Ofens 7–10 Minuten backen. Auf einem Gitter unter einem Geschirrtuch abkühlen lassen.

Sommersemlor mit Eis

Erfrischende Hefebrötchen, gefüllt mit Eis und Marzipan.

ERGIBT 12 SEMLOR

12 Semlor (s. links)
1 l Vanilleeis
200 g fein gehackte Marzipanrohmasse
1 EL Puderzucker zum Bestäuben

1. Den Deckel der Hefebrötchen abschneiden und die Brötchen gut aushöhlen.

2. Die Marzipanrohmasse über das Eis streuen. Ganz kurz vermischen – entweder mit einem Rührgerät oder in einem Mixer. Wenn das Eis weich und fluffig ist, ist es genau richtig.

3. Die Semlor mit reichlich Marzipaneis füllen. Die Deckel obenauf setzen. Mit Puderzucker bestäuben und sofort servieren.

Vanilleeis – Grundrezept

Eis selbst herzustellen macht Spaß, und es schmeckt einfach super. Es ist in jedem Fall das ultimative Sommerdessert! Mit diesem Grundrezept bekommt ihr ein leckeres Vanilleeis. Ihr könnt es aber auch variieren, indem ihr Beeren, gemahlene Nüsse oder Fruchtpüree zufügt (s. rechts).

ERGIBT 4 PORTIONEN

1 Vanilleschote
100 ml Vollmilch
200 ml Sahne
4 Eigelb
85 feiner Zucker oder Puderzucker

1. Die Vanilleschote längs aufschlitzen und das Mark in einen Topf geben. Milch und Sahne zugießen und die Vanilleschote hineinlegen. Gut erhitzen, aber nicht kochen.

2. Eigelb und Zucker schaumig schlagen. Die Sahnemilch in die Eiermasse gießen und verquirlen. Alles zurück in den Topf geben und erhitzen, bis die Mischung eine Temperatur von 85 °C hat. Den Topf vom Herd nehmen und die Eismasse ganz auskühlen lassen. Ca. 2 Stunden in den Kühlschrank stellen.

3. Wenn ihr keine Eismaschine habt, den Teig in eine Plastik- oder Metallschüssel mit rundem Boden geben und in den Gefrierschrank stellen. Das Eis nach 30 Minuten herausnehmen und mit einem Rührgerät schlagen. Nach weiteren 30 Minuten und anschließend noch ein- oder zweimal erneut verrühren, dann bekommt das Eis eine schöne Konsistenz. Nach ca. 4 Stunden ist es fertig.

4. Das Eis am besten mit frischen Beeren, gerösteten Nüssen, gerösteten Kokosflocken oder leckeren Streuseln servieren.

Erdbeereis

Oh, was für ein Glück, Eis aus frisch gepflückten Erdbeeren zu essen! Wer einen etwas außergewöhnlicheren Geschmack wünscht, kann noch fein gehackte Kräuter wie Minze oder Basilikum untermischen. Die Erdbeeren lassen sich auch gut durch andere leckere Beeren oder Früchte ersetzen. Wenn ihr z. B. Pfirsich- oder Aprikoseneis machen wollt, müsst ihr die Früchte zuerst pürieren.

ERGIBT 4 PORTIONEN

200 ml Sahne
100 g Erdbeeren (oder andere Beeren)
1 Rezept kalte Eismasse (s. links)

1. Die Sahne steif schlagen.

2. Die Erdbeeren in einem tiefen Teller zerdrücken und unter die Schlagsahne mischen. Alles mit der kalten Eismasse vermengen.

3. In eine Eismaschine geben oder dem Grundrezept links ab Punkt 3 folgen.

Nusseis
mit Pistazien oder Haselnüssen

Vielleicht gründet ihr eine Eisfabrik in eurem Sommerhaus? Wenn man einmal Eis gemacht hat, eröffnen sich Unmengen an Möglichkeiten.

ERGIBT 4 PORTIONEN

130 g Pistazien oder Haselnüsse
1 Rezept kalte Eismasse (s. links)

1. Die Nüsse trocken in einer Pfanne rösten. Ständig rühren, sodass sie nicht anbrennen. Die Haselnüsse in einem Geschirrtuch reiben, damit sich die Haut leicht löst.

2. Die Nüsse in einer Mandelmühle mahlen oder mit dem Mixer fein mixen. In die kalte Eismasse einrühren.

3. In eine Eismaschine geben oder dem Grundrezept links ab Punkt 3 folgen.

ETON MESS

Die Legende zu diesem britischen Dessert besagt, dass eine Pavlova oder eine ähnliche Baisertorte bei einem Picknick am Eton Collage versehentlich zerdrückt wurde und man die Situation ganz einfach dadurch rettete, dass man die Reste in Gläser löffelte. Leider ist das wohl nicht wahr. Anfangs bestand Eton Mess nämlich aus Banane und nicht aus Baiser und wurde in einem Lebensmittelladen in Eton verkauft.

Eton Mess auf Linders Art

Eton Mess kann mit verschiedenen Beeren zubereitet werden, aber meistens sind es Erdbeeren. In dieser Version verwendet Jens zusätzlich Granatapfelkerne (die man auch gefroren kaufen kann), und er rührt auch das Baiser in die Sahne ein.

ERGIBT 4 PORTIONEN

500 g frische Erdbeeren
1 EL Zucker
300 ml Sahne
Ca. 8 Baisers oder ½ Baiserboden
50 g Granatapfelkerne oder frische Beeren (z. B. Rote Johannisbeeren)
Evtl. Minze, Zitronenmelisse oder Zitronenverbene zum Garnieren

1. Die Erdbeeren putzen und große Beeren halbieren. Mit Zucker bestreuen und vorsichtig vermengen.

2. Die Sahne leicht schlagen.

3. Die Baisers zerbröseln oder in kleinere Stücke schneiden und unter die Sahne heben. Die Sahne in 4 Gläser füllen. Erdbeeren und Granatapfelkerne daraufgeben.

4. Evtl. mit Minze, Zitronenmelisse oder Zitronenverbene garnieren und sofort servieren.

Erdbeeren

mit Zitronen-Toffee-Sauce

Diese Sauce wird nicht – wie man vielleicht denken könnte – aus geriebenen Zitronen-Toffee-Stücken gemacht, sondern aus karamellisiertem Zucker und frischen Zitronen. Das süße Karamellaroma und die leichte Zitrusnote sind fein ausbalanciert. Die Sauce kann einen Tag im Voraus zubereitet und im Kühlschrank aufbewahrt werden. Auch die Erdbeeren können einen halben Tag vor dem Essen vorbereitet und kalt gestellt werden. Nehmt sie aber ca. eine Stunde vor dem Servieren heraus, wenn sie allzu kalt sind, schmecken sie nur halb so aromatisch.

ERGIBT 6–8 PORTIONEN

2 Bio-Zitronen
170 g Zucker, am besten Rohrohrzucker
2 EL kochend heißes Wasser
½ l Sahne
1 Eigelb
1 kg frische Erdbeeren, geputzt
Vanilleeis zum Servieren

1. Die Zitronen waschen und nur das Gelbe der Schale abreiben. Den Saft auspressen. Abrieb und Saft beiseitestellen.

2. Den Zucker bei sehr niedriger Temperatur unter Rühren in einer Pfanne karamellisieren. Wenn er flüssig und hellbraun geworden ist, nach und nach das kochend heiße Wasser zufügen und zu einer glatten Sauce rühren. In mehreren Schritten die Sahne bis auf 50 ml zugeben und unterrühren. Köcheln lassen und schlagen, bis die Sauce eingedickt ist. Zitronenabrieb und -saft zufügen. Erneut aufkochen, abschmecken und vom Herd nehmen.

3. Das Eigelb und die restliche Sahne in einer Schüssel mischen. In die Sauce geben und gut umrühren. Abkühlen lassen.

4. Die Erdbeeren mit Sauce und Vanilleeis servieren.

AUCH GUT ZU EIS

Diese Vanillekirschen schmecken auch sehr gut zu Vanilleeis.

Tiramisu mit Kirschen

Falls ihr irgendwo frischen Mascarpone auftreibt, ist das natürlich wunderbar! Wenn nicht, müsst ihr euch mit dem aus dem Supermarkt zufriedengeben. Dieser süße, cremige italienische Käse eignet sich sehr gut für Desserts, z. B. anstelle von Sahne zu Beeren, und ist unersetzlich in einem Tiramisu. Unser Tiramisu ist eine sommerliche Variante mit in Vanille gekochten Kirschen. Für die klassische Variante lasst ihr das Kompott einfach weg.

ERGIBT 4–6 PORTIONEN

2 Eier
250 g Mascarpone
85 g Zucker
Abrieb von 1 Bio-Zitrone
100 ml starker Espresso
3 EL Amaretto (Mandellikör)
200 g Löffelbiskuit
Kakaopulver zum Servieren

FÜR DAS KIRSCHKOMPOTT:
200 g entkernte süße Kirschen
85 g Zucker
1 Vanilleschote

1. Für das Kompott Kirschen und Zucker in einem Topf verrühren. Die Vanilleschote längs aufschlitzen und zugeben. Die Kirschen vorsichtig aufkochen und dann 5–10 Minuten bei geringer Hitze köcheln. Abkühlen lassen.

2. Die Eier trennen, Eigelbe und Eiweiße in je eine Schüssel geben. Die Eiweiße steif schlagen.

3. Mascarpone und Zucker zum Eigelb geben und zu einer homogenen, luftigen Masse schlagen. Den Zitronenabrieb untermischen und den Eischnee unterheben.

4. Espresso und Likör in einem tiefen Teller vermengen.

5. Den Boden einer Form mit einer dünnen Schicht Mascarponecreme bedecken. Die Kekse kurz in die Kaffeemischung tauchen und dicht nebeneinander auf die Creme legen. Das Kompott über den Keksen verteilen und mit Mascarponecreme bedecken. Dann eine weitere Keksschicht und die restliche Mascarponecreme darübergeben. Die Form mit Frischhaltefolie bedecken und für mindestens 2 Stunden in den Kühlschrank stellen.

6. Das Tiramisu kurz vor dem Servieren herausholen. Durch ein Teesieb Kakao wie eine Decke über das ganze Dessert stäuben.

Crumble

mit frisch gepflückten Beeren

Wenn man frische Beeren pflückt und mit nach Hause bringt, bekommt man sofort Lust, daraus einen leckeren Nachtisch zu machen.

ERGIBT 4–6 PORTIONEN

150 g Butter + etwas extra
125 g Zucker
180 g Weizenmehl
1 Prise Salz
250–300 g frisch gepflückte Beeren (z. B. Johannisbeeren, Himbeeren oder Blaubeeren)

1. Den Ofen auf 200 °C vorheizen.

2. Die Butter in kleine Stücke schneiden. Butter, Zucker, Mehl und Salz in eine Schüssel geben und mit den Fingerspitzen zu einem krümeligen Teig vermengen.

3. Eine Tarteform einfetten. Die Beeren darin gleichmäßig verteilen. Den Teig darüberstreuen.

4. Für 10 Minuten im Ofen backen, bis die Streusel goldbraun sind. Mit frisch geschlagener Sahne oder Vanillesauce servieren.

DE LUXE

Einen besonders leckeren Crumble bekommt man, wenn man 100 g weiße Schokolade reibt und über die Streusel streut.

EINEN DRACHEN BASTELN

Drachen steigen lassen ist ein zeitloses Sommervergnügen, das in jedem Alter Spaß macht.

Ihr braucht: 1 großes Papier (z.B. eine Landkarte), 2 dünne Stäbe aus Holz, Draht, Locher, Klebeband, Seidenpapier oder Seidenband, lange Schnur auf einer Rolle

1. Das Papier rautenförmig zuschneiden (s. Foto). Die Holzstäbe in passender Länge abknipsen und mit Draht oder einem festen Knoten zu einem Kreuz zusammenbinden.

2. Das Papier ein paar Zentimeter vom Rand der Ecken entfernt lochen. Die Stäbe vorsichtig hineinstecken und das Papier mit etwas Klebeband daran befestigen.

3. Aus Seidenpapier farbenfrohe Schleifen oder hübsche Bänder basteln, die hinter dem Drachen herflattern können, und an der Schnur festknüpfen. Die Schnur an beiden Enden des langen Stabes befestigen. Auf guten Wind warten.

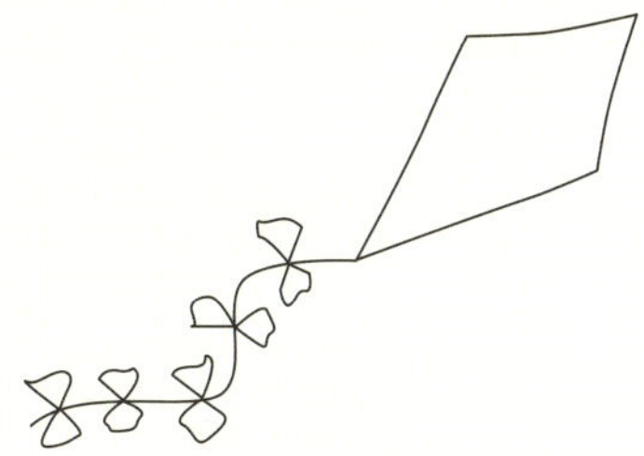

Kräuterlimonade

Der frischeste und beliebteste Drink des Sommers. Perfekt auf allen Sommerfesten. Alkoholfrei funktioniert er genauso gut.

ERGIBT CA. 1 L LIMONADE

250 g Zucker
10 Stängel Thymian, am besten Zitronenthymian (oder 1 Zweig Rosmarin)
¼ l frisch gepresster Zitronensaft (3–4 Zitronen)
Gin nach Belieben
½ l Mineralwasser
Zitronenscheiben
Crushed Ice

1. Zucker, 150 ml Wasser und Kräuter unter Rühren in einem Topf aufkochen. Wenn sich der Zucker aufgelöst hat, ca. 5 Minuten köcheln und anschließend abkühlen lassen.

2. Alle Zutaten in einer Karaffe vermischen. Die Limonade in Gläsern mit Crushed Ice servieren.

Strawberry Crush

Ein Drink aus frischen Erdbeeren mit reichlich Eis ist der beste Start in ein Sommerfest an einem sonnigen Tag. Natürlich kann man ihn auch in Trinkgläsern servieren, aber ein Schraubglas ist eine nette und hübsche Alternative, oder?

ERGIBT 1 DRINK

2 Erdbeeren + 1 extra
3 Basilikum- oder Minzblätter
4 cl Rum (oder Wodka, wenn ihr das lieber mögt)
1 EL frisch gepresster Zitronensaft
40 ml Zuckerwasser (s. unten)
Ca. 100 g Crushed Ice
1 Stängel Minze

1. 2 Erdbeeren mit Basilikum oder Minze in einem Mörser zerstoßen. In ein Marmeladenglas (oder Trinkglas) geben, Rum, Zitronensaft und Zuckerwasser zufügen und Crushed Ice hineingeben.

2. Mit der übrigen Erdbeere und einem Stängel Minze garnieren und servieren – am besten mit Strohhalm.

Zuckerwasser

85 g Zucker und 100 ml Wasser in einem Topf aufkochen und köcheln lassen, bis sich der Zucker aufgelöst hat. Zuckerwasser kann für alle Arten von Limonade und Drinks verwendet werden.

29
EL TAMBOR
KR.5000
KUNGSGATAN
KR.5000
STUREPLAN
KR.5300
KR.4500
HAMNGATAN
KR.5000
VASAGATAN
KR.5000
KUNGSGATAN
VATTENLED-
NINGSVERKET
KR.5300
STUREPLAN
Regentage

Morgens aufzuwachen und zu hören, wie der Regen aufs Dach prasselt, kann in den Ferien richtig enttäuschend sein. Der Badeausflug, das Crocketmatch und der Mittagsschlaf im Liegestuhl müssen verschoben werden. Und wann wird sich die Sonne wieder zeigen? Aber Regen und Schmuddelwetter sind eine herrliche Möglichkeit zum genüsslichen Faulenzen. Das Geräusch der Wassertropfen schafft den perfekten Rahmen für ein gemütliches Beisammensein. Man kann Karten oder ein Brettspiel herausholen und gemeinsam spielen. Oder ein gutes Buch lesen. Zu Regentagen passen mysteriöse Geschichten oder Krimis, oder warum nicht gleich eine richtige Gruselgeschichte? Außer all diesen Dingen kann man auch Essen kochen, das tröstet, sättigt und wärmt.

Bredd: ca 15 cm i Cintra Crepe, Cintra Slub 8/4
ca 12 cm i Cintra merc. 12/4 bomg.
Garnåtgång: 1 nystan räcker till ca 1 meter i 8/4
Virkmål: AERO nr 2

Wohlfühl-Suppe

Diese Suppe ist eine Variante der chinesischen Nudelsuppe und kann mit frischen Pilzen, Hühnchenstücken und vielen verschiedenen Gemüsesorten zubereitet werden.

ERGIBT 3–4 PORTIONEN

12 Wachsbohnen
1 l Bio-Gemüse- oder Hühnerbrühe
3–4 cm Rettich, halbiert und in dünnen Scheiben oder Streifen
1 Stange Staudensellerie, in dünnen Scheiben
Ein paar Blätter Pak-Choi
2 Frühlingszwiebeln, in dünnen Scheiben
2 Knoblauchzehen, in dünnen Scheiben
1 EL fein gehackter frischer Ingwer
1–2 TL fein gehackte grüne Chilischote
100 g Sobanudeln nach Belieben
1 EL helle Sojasauce

1. Die Bohnen putzen und evtl. der Länge nach halbieren.

2. Die Brühe in einem großen Topf aufkochen. Alles Gemüse hineingeben und 5 Minuten köcheln lassen.

3. Evtl. Nudeln zugeben und 3 Minuten (oder nach Packungsanweisung) köcheln lassen. 100–200 ml Wasser und Sojasauce zufügen und die Suppe abschmecken. Ggf. fehlt noch etwas mehr Salz, Ingwer, Chili oder Knoblauch.

4. Sofort in warmen Schüsseln servieren.

Gekochtes Sommergemüse
mit gewürzter Butter

Wenn ihr Gemüse sprudelnd kocht, behält es seine Farbe und Frische. Esst es mit zwei verschieden gewürzten Buttersorten, und ihr habt eine herrliche Sommermahlzeit. Das Gemüse könnt ihr natürlich variieren, die Sorten in der Zutatenliste sind nur ein Vorschlag.

ERGIBT 4 PORTIONEN

FÜR DAS GEMÜSE:
Staudensellerie
Gurke
Ackerbohnen
Mangold oder Spinat
Speiserüben
Radieschen

FÜR DIE PARMESANBUTTER:
150 g zerlassenes Schweineschmalz
50 g Butter
2 TL fein gehackter Rosmarin oder Salbei
2 fein gehackte Knoblauchzehen
Ca. 100 g geriebener Parmesan
Salz nach Geschmack

FÜR DIE FETABUTTER:
100 g Feta
100 g Butter
1 EL Paprikapulver
1 EL Olivenöl oder kaltgepresstes Rapsöl
Frisch gemahlener schwarzer Pfeffer
Evtl. Salz

1. Für die Parmesanbutter zerlassenes Schweineschmalz mit Butter, Kräutern, Knoblauch und Parmesan vermengen. Mit Salz abschmecken. Abkühlen lassen und in den Kühlschrank stellen, sodass die Butter fest wird.

2. Für die Fetabutter Feta, Butter, Paprikapulver, Öl und Pfeffer mixen. Evtl. mit Salz abschmecken. In den Kühlschrank stellen, sodass die Butter fest wird.

3. Das Gemüse putzen und in einem Topf ohne Deckel in reichlich leicht gesalzenem Wasser 2–8 Minuten sprudelnd kochen. Mit den großen Sorten beginnen und zum Schluss die kleinen und dünnen wie Radieschen und Spinat zufügen. Alles gut abtropfen lassen.

4. Das Gemüse mit den beiden Buttersorten und nach Belieben mit etwas hellem Sauerteigbrot servieren.

援助
车引众怒

PASTA MIT CRUNCH

Leckeren Crunch bekommt man, wenn man grob geriebenes Brot in Olivenöl knusprig und goldbraun brät. Geröstete Pinienkerne oder geröstete gehackte Mandeln schmecken auch gut zu Pasta.

Sommerpasta
mit Zucchini und Taleggio

Eine herrliche vegetarische Pasta, die mit Zucchini aus dem eigenen Garten am besten schmeckt, aber junge Zucchini aus dem Supermarkt gehen natürlich auch.

ERGIBT 4 PORTIONEN

1–2 Zucchini, je nach Größe
1 geschälte Knoblauchzehe
1 Prise Chiliflocken
50 ml Olivenöl
400–500 g Penne oder andere »kurze« Nudeln
Salz
150 g gewürfelter Taleggio
Evtl. 1 fein gehackte oder in feine Scheiben geschnittene rote Chilischote
Geriebener Parmesan
40 g geröstete Pinienkerne

1. Die Zucchini grob raspeln. Die Flüssigkeit ausdrücken.

2. Knoblauch und Chiliflocken ein paar Minuten in Öl andünsten, bis das Öl aromatisch duftet. Zucchini zugeben und ein paar Minuten braten.

3. Die Pasta nach Packungsanweisung in Salzwasser al dente kochen. Die fertigen Nudeln zusammen mit Taleggio und evtl. etwas fein gehackter Chili in die Zucchinipfanne mischen und umrühren, bis der Käse geschmolzen ist.

4. Sofort mit geriebenem Parmesan und Pinienkernen servieren.

Lauwarme Pasta
mit Ricotta und Tomate

Ein wunderbar frisches Pastagericht, das sowohl warm als auch lauwarm gegessen werden kann. Serviert es als Hauptspeise oder als Beilage zu etwas Gegrilltem (z. B. Lammkoteletts).

ERGIBT 4 PORTIONEN

4 reife rote Strauchtomaten
250 g Ricotta
3 EL Olivenöl
Abrieb von 1 Bio-Zitrone
3 EL geriebener Parmesan oder Pecorino
1 Handvoll frisches Basilikum, fein gehackt
Salz und frisch gemahlener schwarzer Pfeffer
400–500 g Penne oder andere »kurze« Nudeln

1. Die Tomaten waschen und in Spalten schneiden. Kerne und Stielansatz entfernen und das Fruchtfleisch in kleine Stücke hacken. In eine große Servierschüssel geben.

2. Ricotta, Olivenöl, Zitronenabrieb, geriebenen Parmesan, Basilikum, Salz und Pfeffer untermischen.

3. Die Pasta nach Packungsanweisung in Salzwasser al dente kochen. Die fertigen Nudeln mit der Tomatenmischung in der Schüssel vermengen und gut umrühren.

4. Die Pasta warm oder lauwarm mit frischem Brot servieren.

Feuriger Eintopf
– Sega Wot

Jens liebt im Sommer scharfes Essen mit Chili. Das kann paradoxerweise mitten in einer Hitzewelle sehr befreiend sein. Und dieser äthiopische Eintopf ist ein wirklich feuriges Erlebnis. Wenn man ihn authentisch servieren will, besorgt man richtiges Injera-Brot oder backt es selbst. Aber dieser würzige und scharfe Eintopf schmeckt auch zu Pitabrot oder Basmatireis sehr gut!

ERGIBT 4–6 PORTIONEN

1 kg Rindfleisch aus der Schulter oder hohen Rippe (oder Lammbraten)
1½ TL Salz
4 fein gehackte Zwiebeln
2 EL fein gehackter Knoblauch
1 EL fein gehackter frischer Ingwer
200 ml Öl, am besten Rapsöl

FÜR DIE GEWÜRZMISCHUNG:
5–6 EL Berbergewürz
1 TL gemahlener Zimt
1 TL gemahlener Kardamom
1 TL frisch gemahlener schwarzer Pfeffer
½ TL gemahlene Nelken
½ TL frisch gemahlene Muskatnuss

AUSSERDEM:
Weiches Fladenbrot (Injera oder Pita)
Körniger Frischkäse
Gekochte Eier

1. Das Fleisch in ca. 2 cm große Würfel schneiden und salzen.

2. Das Berbergewürz (s. rechts, falls ihr es selbst machen wollt) mit den restlichen Gewürzen vermengen und im Mörser zerstoßen.

3. Zwiebeln, Knoblauch und Ingwer in einem großen Topf langsam in Öl anschwitzen, bis die Mischung etwas Farbe bekommt, aber nicht zu stark gebräunt ist. Die komplette Gewürzmischung zufügen. Unter Rühren weitere 10 Minuten braten, das intensiviert die Aromen.

4. Das Fleisch zufügen und ein paar Minuten anbraten, dabei soll es nicht so stark gebräunt werden wie bei manchen westlichen Eintöpfen. 100 ml Wasser zugießen und den Eintopf zugedeckt ca. 2 Stunden schmoren, bis das Fleisch fast auseinanderfällt. Wenn man Lamm verwendet, dauert es ca. 1½ Stunden.

5. Mit Injera, Pitabrot oder Langkornreis, körnigem Frischkäse und ein paar gekochten Eiern servieren.

Berbergewürz

Es gibt viele Rezepte für Berbergewürz. Probiert diese Version aus, aber variiert gerne nach eigenem Geschmack.

ERGIBT 1 GEWÜRZMISCHUNG

½ TL gemahlenes Piment
1½ TL gemahlener Kardamom
¼ TL gemahlener Zimt
¼ TL gemahlene Nelken
1 TL gemahlener Koriander
1 TL gemahlener Kreuzkümmel
2 TL Ingwerpulver
2 TL gemahlener Bockshornklee
½ TL frisch gemahlene Muskatnuss
1 TL frisch gemahlener schwarzer Pfeffer
½ TL Kurkuma
2 EL Chiliflocken
2 EL Paprikapulver
2 TL Salz

1. Alle Gewürze vermengen und in einem Mörser fein zerstoßen.

2. In einem luftdichten Behälter aufbewahren.

EINE DOPPELTE PORTION EINTOPF

Denkt daran, die Flüssigkeitsmenge zu reduzieren, wenn ihr das Rezept für einen Eintopf verdoppeln wollt – ansonsten wird Suppe daraus. Und seid vorsichtig mit dem Abrieb von z.B. Orangen wie im Kalbseintopf Niçoise. Verwendet man zu viel, kann der Eintopf ziemlich bitter werden. Außerdem sollte man Oliven nicht zu lange in einem Eintopf mitkochen lassen. Und genau wie die meisten Gerichte mit langer Garzeit wird ein Eintopf nur besser, wenn er ein oder zwei Tage im Kühlschrank steht.

Kalbseintopf Niçoise

Dies ist ein leichter Sommereintopf, der auch mit Lamm (mit denselben Garzeiten) oder Rind zubereitet werden kann (dann ca. 30 Minuten länger garen).

ERGIBT 6 PORTIONEN

1,2 kg Kalbsgulasch (oder Lamm)
2 Bio-Orangen
Salz und frisch gemahlener schwarzer Pfeffer
2 EL Olivenöl
2 EL Butter
2 grob gehackte Zwiebeln
8 Knoblauchzehen, in dünnen Scheiben
2 EL Tomatenmark
3 EL Weizenmehl
½ l dunkle Rinderbrühe
200 ml trockener Weißwein
6 gehackte Sardellenfilets
2 EL fein gehackte Petersilie
1 Lorbeerblatt
Cayennepfeffer

AUSSERDEM:

2 Orangen, geschält und in Scheiben
12 große schwarze Oliven

1. Das Fleisch von Fett und Sehnen befreien. Die Orangen waschen und die äußerste Schale dünn abschälen und hacken. Den Saft auspressen.

2. Das Fleisch salzen und pfeffern. Eine große Pfanne mit ein wenig Öl und Butter erhitzen und die Fleischstücke nach und nach anbraten, bis sie rundherum etwas Farbe bekommen haben. In einen Schmortopf geben. Den Bratensatz in der Pfanne mit 100 ml Wasser lösen und mit in den Topf geben.

3. Zwiebeln und Knoblauch im Rest Butter und Öl farblos anschwitzen, bis sie weich sind und aromatisch duften. Tomatenmark zufügen und ein paar Minuten mitbraten. Mit Mehl bestäuben und unter Rühren 1 weitere Minute braten. Die Mischung in den Topf geben.

4. Brühe, Wein, Sardellen und Orangenschale (den Saft für später aufbewahren) in den Topf geben. Die Hälfte der Petersilie, das Lorbeerblatt und etwas Cayennepfeffer zufügen. Bei sehr geringer Hitze zugedeckt 1–1½ Stunden schmoren, bis sich das Fleisch leicht teilen lässt.

5. Den Orangensaft zufügen und weitere 3–4 Minuten köcheln lassen.

6. Den Eintopf mit Orangenscheiben, Oliven und der restlichen Petersilie garnieren. Mit Pellkartoffeln oder geschälten gekochten Kartoffeln servieren.

Pakistanisches Lammcurry

– Karahi Gosht

Dieser dunkle, pikante Eintopf mit Ursprung in der pakistanischen Mughlai-Küche wärmt von innen, wenn es draußen regnet.

ERGIBT 4–6 PORTIONEN

1 kg Lammfleisch (z. B. aus der Schulter)
Salz
4 grüne Chilischoten
3 EL Öl
1 EL Tomatenmark
2 TL gemahlener Koriander
1 TL gemahlener Kreuzkümmel
1 große fein gewürfelte Tomate
1 EL in feine Streifen geschnittener frischer Ingwer
2 EL fein gehackter frischer Koriander

FÜR DIE MARINADE:

300 g griechischer oder türkischer Joghurt
2 EL fein gehackter Knoblauch
2 EL frisch gepresster Zitronensaft
2 EL Garam Masala
1 TL Salz

1. Das Fleisch in 4 cm große Würfel schneiden und rundherum salzen.

2. Joghurt, Knoblauch, Zitronensaft, Garam Masala und Salz vermengen, die Fleischstücke in die Marinade legen. 4–6 Stunden im Kühlschrank ziehen lassen.

3. Die Chilischoten der Länge nach halbieren und entkernen. Eine große Pfanne mit Öl erhitzen und die Chilischoten braten, bis sie Farbe bekommen haben und sich die Haut zusammenzieht. Beiseitestellen.

4. Die Fleischstücke im selben Öl unter Rühren von allen Seiten braun anbraten.

5. Die Chilis wieder zugeben und Tomatenmark, Koriander und Kreuzkümmel zufügen. Mit 200 ml Wasser ablöschen und zugedeckt ca. 45 Minuten köcheln lassen. Wenn zu wenig Flüssigkeit in der Pfanne ist, mehr Wasser zugießen.

6. Den Herd ausschalten und das Curry mit Tomate, Ingwer und frischem Koriander garnieren. Mit Basmatireis und/oder Chapati, Naan oder anderem weichen Fladenbrot servieren.

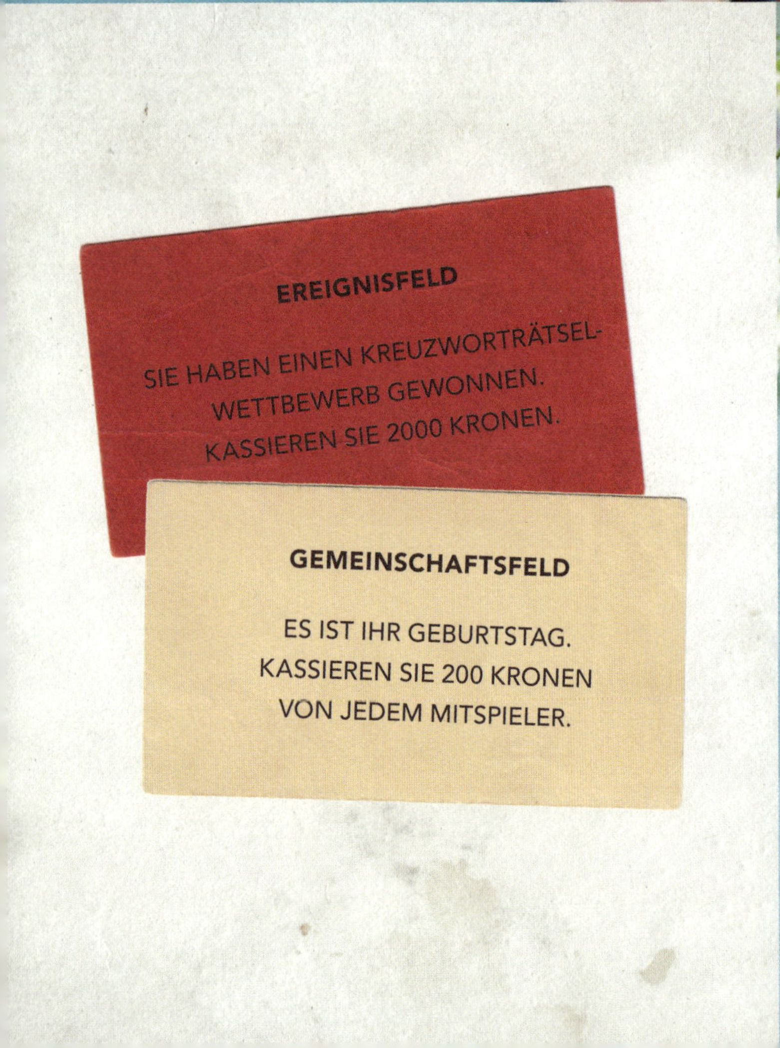
EREIGNISFELD
SIE HABEN EINEN KREUZWORTRÄTSEL-WETTBEWERB GEWONNEN. KASSIEREN SIE 2000 KRONEN.
GEMEINSCHAFTSFELD
ES IST IHR GEBURTSTAG. KASSIEREN SIE 200 KRONEN VON JEDEM MITSPIELER.

Mamas Rhabarbertarte

Johannas lange und intensive Liebesbeziehung zu Rhabarber hat schon zu vielen Experimenten und etlichen Versionen von Rhabarbertarte geführt. Die Tarte, die alles Experimentieren überlebt hat, ist Mamas Sommerklassiker. Ein herrlich knuspriger Boden mit süßsaurem Rhabarber und einem ordentlichen Schlag Sahne darauf.

ERGIBT CA. 6 PORTIONEN

5–6 Stangen Rhabarber
4 EL Zucker

FÜR DEN TEIG:
150 g Butter
180 g Weizenmehl
85 g Zucker
½ TL Backpulver
¼ TL Salz

AUSSERDEM:
Eis oder leicht geschlagene Sahne

1. Den Ofen auf 200 °C vorheizen.

2. Den Rhabarber putzen und schälen, falls die Stangen nicht mehr jung und zart sind. In 2 cm große Stücke schneiden. Ein paar Minuten in 4 EL Wasser und Zucker köcheln lassen, bis die Rhabarberstücke weich sind.

3. Die Butter bei geringer Hitze schmelzen. Mehl, Zucker, Backpulver und Salz in einer Schüssel vermengen und die zerlassene Butter zugießen. Alles zu einem Teig verkneten. Den Teig in eine Tarteform drücken und 20 Minuten vorbacken.

4. Den Tarteboden herausholen und mit Rhabarber belegen, wieder in den Ofen schieben und weitere 10 Minuten backen.

5. Die Tarte lauwarm mit Eis oder leicht geschlagener Sahne servieren.

Amerikanische Pancakes
mit Erdbeeren

Im Sommer können wir von Erdbeeren nicht genug kriegen! Wir essen sie immer und überall – gerne auch zum Frühstück. Warum nicht auch ein paar in die nächsten Pancakes schmuggeln?

ERGIBT 4 PORTIONEN, CA. 16 PANCAKES

50 g Butter
¼ l Vollmilch
3 Eier
1 EL Zucker
1 TL Vanillezucker oder eine Messerspitze echtes Vanillepulver
180 g Weizenmehl
2 TL Backpulver
½ TL Salz
1 EL Öl oder Butter
Ca. 5 Erdbeeren, in Scheiben

AUSSERDEM:
Naturjoghurt
Flüssiger Honig oder Ahornsirup
Noch mehr Erdbeeren

1. Die Butter bei geringer Hitze zerlassen. Die Milch zugießen und leicht erwärmen.

2. Eier, Zucker und Vanillezucker in einer Schüssel verquirlen und die lauwarme Milchmischung unterrühren.

3. Das Mehl mit Backpulver und Salz vermengen und dann vorsichtig in die Schüssel rühren. Nicht schlagen, sondern nur kurz untermischen, bis der Teig glatt ist.

4. Eine Pfanne mit Öl oder einem Klecks Butter erhitzen. Je 2–3 Pancakes gleichzeitig backen. Sobald der Teig Blasen wirft, ist er bereit zum Wenden. Vor dem Wenden eine oder mehrere Erdbeerscheiben auf jeden Pancake legen.

5. Die Pfannkuchen sofort mit einem Klecks Joghurt, Honig oder Ahornsirup und noch mehr Erdbeeren servieren.

Sahnescones

Gibt es etwas Schöneres, als vom Duft ofenwarmer Scones geweckt zu werden? Man kann sie schnell backen, aus Zutaten, die man normalerweise zu Hause hat. An Regentagen sind Scones ein fantastischer Snack zum Kartenspielen und einer großen Kanne heißem Tee.

ERGIBT 10–15 SCONES

240 g Mehl + etwas extra
1½ TL Backpulver
½ TL Salz
50 g zimmerwarme Butter
2 EL Zucker
175 ml Sahne oder Vollmilch + 2 EL Sahne zum Bestreichen

1. Den Ofen auf 225 °C vorheizen.

2. Mehl, Backpulver und Salz in einer Schüssel mischen. Die Butter in Stücke schneiden und mit dem Zucker zur Mehlmischung geben. Mit den Fingerspitzen vermengen.

3. Die Sahne zugießen und alles rasch zu einem Teig verarbeiten. Knetet man den Teig zu lange, werden die Scones hart.

4. Die Arbeitsfläche mit Mehl bestäuben und den Teig ca. 2 cm dick ausrollen. Mit einer Ausstechform oder einem Glas Kreise (Ø ca. 7 cm) ausstechen.

5. Die Scones auf ein Blech mit Backpapier legen und mit Sahne bestreichen. In 12 Minuten goldbraun backen.

6. Scones sollten frisch gebacken serviert werden, am besten mit Marmelade und Sahne oder mit Butter.

Flambierte Beeren

mit Eis

Es ist eigentlich nicht üblich, Beeren zu flambieren. Aber die Methode funktioniert gut, weil die Beeren ihre Form behalten.

ERGIBT 4 PORTIONEN

400 g frische Beeren (z. B. Himbeeren, Stachelbeeren, Brombeeren, Rote Johannisbeeren)
100–150 g Zucker
100 ml Schnaps (z. B. Cognac, Pernod oder Likör mit starkem Alkoholgehalt)
Vanilleeis zum Servieren

1. Die Beeren putzen und wenn nötig kurz waschen. Ca. 1 Minute in einer Sauteuse oder anderen weiten Pfanne erhitzen.

2. Mit Zucker bestreuen. Den Schnaps darübergießen und 10–20 Sekunden warm werden lassen. Anzünden und den Alkohol ausbrennen lassen.

3. Die Beeren sofort mit Vanilleeis servieren.

SCONES-VARIANTEN

Macht eine etwas rustikalere Variante, indem ihr die Hälfte des Mehls durch Grahammehl (online erhältlich, alternativ Weizenvollkornmehl) und die Sahne durch Naturjoghurt ersetzt. Auch lecker ist, etwas gehacktes Trockenobst wie Rosinen und Aprikosen in den Teig zu mischen und vor dem Backen Mandelblättchen darüberzustreuen.

Till vänster: Denna segelbåt har skrov av skumplast,

Kochen auf engem Raum

Dieses Kapitel ist für alle, die in der kleinen, engen Küche des Wochenendhäuschens, Wohnwagens oder Segelboots hantieren, in der man sich vielleicht mit nur einer Platte und einem Topf begnügen muss. Wenn man auf engem Raum eine Horde hungriger Freunde und Familienmitglieder satt kriegen will, muss man oft zaubern können. Es ist schon eine Herausforderung, gutes Essen aus Konserven oder Zutaten mit langer Haltbarkeit zu kochen, aber die Einschränkungen können auch die Kreativität steigern. Das Allerwichtigste an einem Sommeressen ist, dass es einfach zuzubereiten und lecker ist, wo auch immer man sich gerade befindet.

adidas
adidas
20
EL PAJARO
Pork Sausage
Swift's Premium
Ham
Swift's Premium
Swift's
Prem

Haltbares für Kühlschranklose

- Fertige Gerichte halten sich immer länger als frische Zutaten. Quiches und Gratins können auch außerhalb des Kühlschranks ein oder zwei Tage gelagert werden. Geräucherte Nahrungsmittel sind lange haltbar, z. B. Wurst, Schinken, Bückling und geräucherter Lachs. Hering aus der Dose und Konserven aller Art halten ebenfalls lange.
- Eier bleiben auch dann lange frisch, wenn sie nicht im Kühlschrank aufbewahrt werden. Das Mindesthaltbarkeitsdatum auf der Verpackung bezieht sich auf die Verwahrung bei Zimmertemperatur.
- Wurzelgemüse hält sich länger als anderes frisches Gemüse.
- Durch Einlegen schmeckt vieles nicht nur besser, es wird dadurch auch haltbar.
- Vorsicht bei Hackfleisch, Schweinefleisch, Hühnchen und Fisch – sie erfordern im Sommer eine nahezu ununterbrochene Kühlkette.
- Bewahrt Tomaten, Äpfel und Birnen nicht zusammen mit anderem Obst und Gemüse auf, da sie den Reifungsprozess beschleunigen.
- Kauft Salat und Kräuter im Topf, pflanzt sie um und gießt sie regelmäßig, dann wachsen sie nach der Ernte erneut.
- Haltet Ausschau nach wildem Schnittlauch und jungen, zarten Löwenzahnblättern – und verwendet den Küchenschrank der Natur mit Pilzen, Beeren und Fisch.

Coole Gazpacho

Dies ist eine aufgepeppte Version der Gazpacho Andaluz, mit etwas mehr Paprikageschmack und ein paar Tropfen Gin.

ERGIBT 4 PORTIONEN

¼ Baguette, am besten vom Vortag
4–5 cm Gurke (oder 1 kleine saure Gurke)
½ grüne Paprika
8 sehr reife Tomaten
1 geschälte Knoblauchzehe
2–3 EL Olivenöl, extra vergine
2 TL Rotweinessig
½ TL scharfes ungarisches Paprikapulver
5–6 Tropfen grüner Tabasco
Ca. ½ TL Salz
Frisch gemahlener schwarzer Pfeffer
Evtl. 1–2 TL Gin mit Gurkengeschmack (oder Wodka)

1. Das Brot in Stücke brechen und in ca. 200 ml Wasser einweichen.

2. Die Gurke schälen und in grobe Stücke schneiden. Die Paprika von Samen und Scheidewänden befreien. Paprika, geputzte Tomaten und Knoblauch klein schneiden. Gemüse und Knoblauch mit Öl, Essig, Paprikapulver, Tabasco und Salz vermengen.

3. Alles in der Küchenmaschine oder mit einem Stabmixer fein pürieren. Mit Pfeffer und evtl. etwas Gin abschmecken. Die Suppe für mindestens 2 Stunden in den Kühlschrank stellen, am besten etwas länger.

4. Die Gazpacho kalt und nach Belieben mit geröstetem Brot sowie klein geschnittener Paprika, Zwiebel und Tomate als Einlage servieren.

Deftige Sommersuppe
mit Bacon

Eine einfache Suppe, die durch den Bacon einen leicht rauchigen Geschmack bekommt.

ERGIBT 4–5 PORTIONEN

2½ l Kalbsbrühe
1 kg frische grüne Bohnen
2 fein gehackte Knoblauchzehen
1 Stängel frische Petersilie + Petersilienblätter zum Garnieren
1 TL getrockneter Estragon
1 Stange Staudensellerie, in Scheiben
5 Scheiben Bacon
3 EL Butter
1 fein gehackte Zwiebel
4 EL Weizenmehl
400 g saure Sahne
3 EL Rotweinessig
Salz zum Abschmecken

1. Die Brühe aufkochen und Bohnen, Knoblauch, Petersilienstängel, Estragon und Sellerie hineingeben. 10 Minuten köcheln lassen.

2. Währenddessen die Baconscheiben in einer Pfanne knusprig braten. Herausnehmen und beiseitestellen. Butter in die Pfanne geben und die Zwiebel glasig dünsten. Mit Weizenmehl bestäuben und umrühren. 1 Minute braten.

3. Die Mehl-Zwiebel-Mischung in die Suppe einrühren und köcheln lassen, bis die Suppe eindickt. Saure Sahne und Essig zufügen. Mit Salz abschmecken. Die Suppe wird leicht körnig und ziemlich hell, schmeckt aber deftig und lecker.

4. Mit Petersilienblättern und Baconstücken garnieren und dazu Sauerteigbrot mit Butter servieren.

Schwedisches Omelette

Das schnellste und preiswerteste Mittagessen ist manchmal das allerbeste. Ein perfektes cremiges Omelette mit einem Tomatensalat ist sogar in einer Sommerhaus- oder Bootsküche leicht zu machen. Füllt das Omelette einfach mit Zutaten, die ihr im Kühlschrank oder Küchenschrank habt: mit geriebenem Käse, in Butter gedünstetem Spinat, Krabben und fein geschnittenem Schnittlauch, gekochten Kartoffeln und in Butter geschwenktem Lauch, fein gehackten Kräutern und den Barschfilets vom Vortag. Fast alles lässt sich in einem Omelette verstecken, verwerten und veredeln.

ERGIBT 2 PORTIONEN

4 Eier
½ TL Salz
Frisch gemahlener schwarzer Pfeffer
Butter zum Braten

1. Eier, 50 ml Wasser und Salz mit einer Gabel verquirlen. Etwas Pfeffer darübermahlen.

2. Die Butter in einer Pfanne erhitzen und die Eiermasse hineingeben. Mit einem Holzlöffel etwas rühren und die Hitze ein wenig reduzieren. Das Omelette braten, bis es schön cremig ist.

3. Das Omelette pur servieren oder die eine Hälfte mit Zutaten nach Belieben belegen und die andere Hälfte darüberklappen. Das Omelette auf eine Servierplatte gleiten lassen.

OMELETTE MIT WASSER ODER MILCH?

Für ein schwedisches Omelette verwendet man Wasser. In England und vielen anderen Ländern verwendet man Milch oder gar keine Flüssigkeit.

Dillkartoffeln

Gepökelter Lachs. Geräucherter Fisch. Schinken. Wurst. Gegrilltes Schweinefleisch. Zusammen mit leckeren Dillkartoffeln serviert, könnt ihr schnell und einfach ein herrliches sommerliches Gericht zaubern – auch wenn es zum Teil aus einem Fertigprodukt besteht.

ERGIBT 4 PORTIONEN

1 kg geputzte neue Kartoffeln, geviertelt
4 EL Butter
4 EL Weizenmehl
½ l Vollmilch oder halb Milch, halb Sahne
1 TL Salz
1 TL frisch gemahlener schwarzer oder weißer Pfeffer
Ca. 25 g fein gehackter Dill

1. Die Kartoffeln kochen, bis sie gerade gar sind.

2. Die Butter in einem Topf zerlassen und mit einem Schneebesen das Mehl einrühren, ca. 1 Minute köcheln lassen. Nach und nach die Milch oder Sahnemilch zugießen und glatt rühren. 5 Minuten köcheln lassen, bis die Sauce etwas eingedickt ist. Mit Salz und Pfeffer würzen.

3. Kartoffeln und Dill vorsichtig unterheben.

Gekochter Lachs
mit Salsa Verde

Schneller als der Nachbar den Grill anzünden kann, habt ihr einen richtig traditionellen Leckerbissen gezaubert, bei dem Großmutter vor Neid »verde« werden würde! Eine grüne Sauce macht sich gut zu sommerlichen Gerichten wie geräuchertem Strömling, gepökeltem Lachs, frischen Garnelen und gegrilltem Hühnchen. Wenn ihr keinen Spinat habt (oder keinen Gefrierschrank), müsst ihr ohne auskommen – nehmt dann einfach noch mehr gehackte Kräuter wie glatte Petersilie und Minze.

ERGIBT 4–8 PORTIONEN

½ Stange Lauch, in Scheiben
Ca. 3 cm geschälter frischer Ingwer, in Scheiben
1 Bio-Zitrone, in Scheiben
1 EL Salz
1 EL Weißweinessig
1 ganzes Stück Lachs mit Haut (ca. 100 g Fisch pro Erwachsener und 50–75 g pro Kind)

FÜR DIE SALSA VERDE:
Ca. 150 g Blattspinat (TK)
200 g Crème fraîche
Ca. 3 EL gehackter Schnittlauch
Ca. 3 EL gehackter Dill
½ TL Salz
¼ TL frisch gemahlener schwarzer Pfeffer

AUSSERDEM:
Frisch gekochte neue Kartoffeln

1. Lauch, Ingwer, Zitrone, Salz und Essig in einen weiten Topf geben. 1 l Wasser zugießen, aufkochen und 10 Minuten kochen lassen.

2. Den Lachs zufügen und 12 Minuten im Sud kochen. Den Topf vom Herd nehmen und den Lachs im Sud ganz auskühlen lassen.

3. Den gefrorenen Spinat fein reiben. Den Spinat mit Crème fraîche, Schnittlauch und Dill vermengen. Mit Salz und Pfeffer würzen.

4. Den kalten Lachs aus dem Sud nehmen und mit Salsa Verde und neuen Kartoffeln servieren.

Zander
mit Sardellenbutter

Fisch im Papier-Päckchen zuzubereiten ist einfach, und der Duft, wenn man das Päckchen öffnet, ist herrlich. Man kann den Fisch im Päckchen auch bei indirekter Hitze auf einem Grill mit Deckel garen.

ERGIBT 4 PORTIONEN

600 g grätenfreie Filets vom Zander, Flussbarsch oder anderen leckeren Süßwasserfisch
Salz
4 Dillblüten oder Stängel von Liebstöckel oder glatter Petersilie

FÜR DIE SARDELLENBUTTER:
Ca. 8 Sardellenfilets (Dose)
100 g zimmerwarme gesalzene Butter

FÜR DIE GEWÜRZMISCHUNG:
1 TL Dillsamen
1 TL Koriandersamen
Abrieb von 1 Bio-Orange

AUSSERDEM:
Gestampfte neue Kartoffeln

1. Das Öl von den Sardellen abgießen. Die Sardellen sehr fein hacken und mit der Butter vermischen.

2. Dill- und Koriandersamen in einem Mörser fein zerstoßen. Mit dem Orangenabrieb vermengen.

3. Den Ofen auf 250 °C vorheizen.

4. Die Fischfilets putzen und vorsichtig salzen.

5. Die Gewürzmischung auf vier Bögen Backpapier verteilen. Die Filets darauflegen und die Sardellenbutter in Flöckchen auf dem Fisch verteilen. Auf jedes Zanderfilet eine Dillblüte oder einen Stängel Liebstöckel oder Petersilie legen. Zu Päckchen zusammenfalten und in eine ofenfeste Form oder auf ein Blech setzen. In den Ofen schieben und ca. 10 Minuten backen.

6. Mit neuen Kartoffeln servieren, die mit Schale gekocht, gepellt und dann gestampft werden.

ESSEN EINFRIEREN

Friert fertig gekochtes Essen ein, bevor ihr auf Bootstour geht oder ins Ferienhaus ohne Gefrierschrank fahrt. Das gefrorene Essen fungiert als Kühlelement, während es langsam auftaut und allmählich als Abendessen aufgewärmt werden kann.

Krabbelurer

Krabbelurer sind eine Mischung aus Sandkuchen, Mini-Pancakes und Donuts. Die beste Zwischenmahlzeit im Wochenendhäuschen!

ERGIBT 3–4 PORTIONEN

1 Ei
40 g Zucker
75 ml Milch
1 TL Backpulver
150 g Weizenmehl oder gesiebtes Dinkelmehl
1 EL Butter zum Braten
Zimtzucker

1. Ei und Zucker schaumig schlagen. Die Milch zufügen und dann das mit Backpulver vermengte Mehl unterheben.

2. Eine kleine Pfanne für Mini-Krapfen (Augenpfanne) erhitzen und etwas Butter in den Vertiefungen zerlassen. Den Teig hineingeben und die Krabbelurer auf jeder Seite ein paar Minuten braten. Am besten mit etwas zerlassener Butter bestreichen.

3. Zimtzucker auf einen Teller geben und die Krabbelurer in der Mischung wenden.

4. Mit einem Klecks türkischem Joghurt oder geschlagener Sahne und einem Klecks Apfelmus servieren.

Brot aus der Pfanne

Dieses Brot kann man auch gut in einer finnischen Muurikka-Grillpfanne zubereiten, wenn man das Essen draußen macht. Es schmeckt lecker zu gegrilltem Fleisch oder einfach mit einem Klecks Butter.

ERGIBT CA. 12 BROTE

25 g Hefe
75 g Butter
700 ml Vollmilch
40 g Zucker
1 TL Salz
1½ TL Backpulver
165 g gesiebtes Roggenmischmehl
600–700 g Weizenmehl

1. Die Hefe in eine Schüssel bröseln. Die Butter zerlassen, die Milch zugießen und leicht erwärmen (auf ca. 37 °C). Die Hefe mit etwas Milchmischung verrühren und dann den Rest zugießen. Zucker und Salz zufügen und gut umrühren.

2. Das Backpulver mit den beiden Mehlsorten vermengen und fast komplett zur Hefemischung geben – ein wenig zum Kneten und Formen aufbewahren. Den Teig geschmeidig kneten und dann unter einem Geschirrtuch ca. 40 Minuten gehen lassen.

3. Den Teig erneut leicht kneten. In 12 Stücke teilen. Jedes Stück zu einem dünnen Fladen ausrollen.

4. Die Fladen nacheinander in einer heißen, trockenen Pfanne auf jeder Seite ca. 2 Minuten backen. Die Brote in ein Geschirrtuch legen und abkühlen lassen.

Stockbrot

Wenn ihr ein richtig einfaches Brot backen wollt, solltet ihr Stockbrot machen. Vermischt einfach 300 g Weizenmehl, 2 TL Backpulver und 1 TL Salz in einem Gefrierbeutel. Kurz vor dem Backen 200 ml kaltes Wasser zufügen und alles zu einem Teig verkneten. Den Teig um möglichst saubere Stöckchen wickeln und ca. 15 Minuten über der Glut drehen.

Wenn die TOMATEN
günstig sind
GENERALSKANS SYLTADE TOMATER
2 kg tomater. Lag: 1 liter inläggningsättika,
socker, saften av 1 citron.
fasta små tomater doppas i hett vatter
dem sedan i kallt vatten för att
fruktkött, som grumlar lagen.
breda glasburkar med skaftsidan
och avsvalnade lagen hälls över.
karna vid 80° i 20 minuter.
Made in Sweden

Erntezeit

Essbare Schätze in der Natur zu finden ist ein tolles Erlebnis, das komplett gratis ist. Wer keinen Garten oder Wald in der Nähe hat, muss in den Laden gehen oder hoffen, dass jemand an einem kleinen Stand frisch geerntetes Gemüse aus der Region verkauft. Sommer und Herbst sind eine üppige Zeit, und wenn alles vorhanden ist und am besten schmeckt, muss man die Gelegenheit beim Schopf packen! Sonnengewärmte Himbeeren, zarter Spargel, buttrige Wachsbohnen, säuerliche Stachelbeeren und knackige Radieschen sind nur einige Beispiele für all das, wonach man sich den ganzen langen Winter über sehnt.

BLUMENTÖPFE MIT PATINA

Hübsche Blumentöpfe mit Patina kann man mit mehr oder weniger Zeitaufwand herstellen. Am einfachsten ist es, die Töpfe in der Erde zu vergraben, aber dann muss man bis zum nächsten Sommer warten, bis sie die richtige Patina bekommen haben. Hier sind ein paar schnellere Methoden.

PATINA 1

Ihr braucht: Tontöpfe, ½ l Dickmilch, Zucker

1. Dickmilch und Zucker vermengen und die Mischung auf die Töpfe streichen. Die Töpfe an einen feuchten Ort stellen, z.B. in den Keller oder nach draußen. Ca. 1 Monat warten.

PATINA 2

Ihr braucht: ½ l Gipsputz, Wasser, Gummihandschuhe, Sandpapier, evtl. mit Moos vermischte Erde

1. Gipsputz und Wasser vermengen. Den Topf mit den Händen bis zum gewünschten Grad an Patina mit der Mischung einschmieren (Handschuhe nicht vergessen!).

2. Etwas mit Moos vermischte Erde an den Topf tupfen. Ein paar Stunden oder über Nacht trocknen lassen. Leicht mit Sandpapier bearbeiten, um das Resultat zu verbessern.

PATINA 3

Den Topf mit verdünnter wasserbasierter Wandfarbe bemalen.

Wiesensuppe

Eine etwas altmodische schwedische cremige Suppe, in der alles junge Gemüse des Frühsommers Platz hat.

ERGIBT 4 PORTIONEN

Salz
10 geputzte neue Kartoffeln, geviertelt
3–4 junge Möhren, in Scheiben
½ Blumenkohl, in kleinen Röschen
2 Frühlingszwiebeln, geviertelt
10 Radieschen, halbiert
200 g frische Ackerbohnen oder Zuckerschoten
400 ml Sahne
3 Eigelb
Frisch gemahlener schwarzer Pfeffer
Saft von ½ Zitrone
2 EL fein gehackte glatte Petersilie

1. 300 ml Wasser mit 1 TL Salz aufkochen. Das Gemüse hineingeben und weich kochen, zuerst die Kartoffeln, dann Möhren, Blumenkohl, Frühlingszwiebeln, Radieschen und zum Schluss die Bohnen. 300 ml Sahne zufügen und erneut aufkochen lassen.

2. Die restliche Sahne in einer Schüssel mit den Eigelben verquirlen.

3. Den Topf vom Herd nehmen und die Eiermischung einrühren. Die Suppe vorsichtig erhitzen, bis sie gerade zu sieden anfängt. Sie darf nicht kochen. Mit Salz, Pfeffer und Zitronensaft abschmecken.

4. Mit Petersilie bestreuen und servieren.

Artischocken
mit Sardellen-Zitronen-Butter

Artischocken sehen mit ihren schuppenartigen blassgrünen Blättern und ihrer hübsch abgerundeten Form einfach toll aus. Tunkt Blatt für Blatt in Butter, bis ihr Herz und Boden erreicht habt, die am allerbesten schmecken. Rechnet mit einer Artischocke pro Person. Manche binden vor dem Kochen eine Zitronenscheibe an die Unterseite der Artischocken, aber wir halten das nicht unbedingt für nötig. Normale Butter schmeckt ausgezeichnet dazu, vor allem, wenn man sie schaumig schlägt. Aber diese Sardellen-Zitronen-Butter gibt den Artischocken einen ganz besonderen Geschmack.

ERGIBT 4 PORTIONEN

Salz
4 Artischocken

FÜR DIE SARDELLEN-ZITRONEN-BUTTER:
300 g gesalzene zimmerwarme Butter
Ca. 50 g fein gehackte Sardellen (Dose)
2 EL fein gehackte Petersilie
Saft von ½ Zitrone
10 grob gehackte Haselnüsse

1. Wasser in einem weiten Topf aufkochen. 1 TL Salz pro Liter Wasser zufügen.

2. Die Artischocken putzen. Grobe und verfärbte Blattspitzen entfernen, evtl. die ganze Spitze der Artischocke ein paar Zentimeter abschneiden. Den Stiel ganz unten abbrechen.

3. Die Artischocken kochen, bis sich die Blätter lösen, wenn man daran zieht. Das kann je nach Größe 20–45 Minuten dauern.

4. Währenddessen Butter, Sardellen, Petersilie, Zitronensaft und Nüsse miteinander verrühren. (Falls die Butter weniger salzig sein soll, könnt ihr auch ungesalzene Butter verwenden und selbst etwas salzen.)

5. Sobald die Artischocken gar sind, aus dem Topf nehmen und etwas ausdampfen lassen.

6. Die Artischocken mit der Butter und nach Belieben mit etwas Aufschnitt servieren.

Frittierparty

Alles, ja wirklich fast alles, wird leckerer, wenn man es frittiert. Und es ist viel einfacher, als man glaubt. Das Öl muss heiß sein und eine gleichmäßige Temperatur halten, ein digitales Küchenthermometer ist also sinnvoll. Wenn ihr einmal angefangen habt, euer Gemüse zu frittieren, kann es sein, dass ihr nie mehr etwas anderes essen wollt.

ERGIBT 6–12 PORTIONEN, JE NACH GEMÜSEMENGE

Zucchini, in dünnen Scheiben
Blumenkohl- und Brokkoliröschen, am besten etwas gedämpft
Spargel
Möhren, in Scheiben
Rote Zwiebeln, in Ringen (oder ganze kleine Frühlingszwiebeln)
Große Salbeiblätter
Ringelblumenblüten
Zucchiniblüten (s. rechts)
1½ l Frittieröl (z. B. Mais-, Erdnuss- oder Rapsöl)
Salz

FÜR DEN FRITTIERTEIG:

120 g Weizenmehl
200 ml Bier oder Mineralwasser mit Kohlensäure
Salz und Pfeffer
1 Eiweiß

FÜR DEN TEMPURADIP:

100 ml Reisessig
1 EL Zucker
1 fein gehackte rote Chilischote
Salz und frisch gemahlener Pfeffer
Fein gehackter Koriander oder geriebener frischer Ingwer

FÜR DEN SARDELLENDIP:

8 fein gehackte Sardellen (Dose)
1 kleines Bund gehackte glatte Petersilie
1 EL Kapern
Saft von 1 Zitrone
¼ TL Cayennepfeffer
50 ml Olivenöl

1. Zuerst die Zutaten für die Dips vermischen.

2. Das Gemüse mit Küchenpapier trocken tupfen.

3. Mehl und Bier oder Mineralwasser zu einem Teig vermischen. Etwas salzen und pfeffern. Das Eiweiß steif schlagen und unterheben. Der Teig sollte etwas dicker sein als Kefir. Wenn nötig mehr Bier unterrühren.

4. Das Öl in einem großen Topf auf 180–200 °C erhitzen. Gemüse, Blätter und Blüten im Teig wenden und nacheinander ins Öl geben. In 1–2 Minuten frittieren. Auf Küchenpapier abtropfen lassen. Kurz vor dem Servieren salzen.

Nussige Bohnen

Hier wird der natürliche Geschmack der Bohnen durch Butter und Öl mit Nussgeschmack verstärkt.

ERGIBT 8 KLEINE PORTIONEN

300 g Wachsbohnen oder grüne Bohnen
5–6 Ackerbohnen
Salz
2 EL Butter
2 TL Haselnussöl
2 EL fein gehackte Petersilie nach Belieben

1. Die Wachsbohnen putzen, die Ackerbohnen palen.

2. 2 l Wasser mit 2 TL Salz aufkochen. Die Ackerbohnen hineingeben und ohne Deckel 5–6 Minuten kochen. Die Wachsbohnen zufügen und weitere 5–6 Minuten kochen, bis die Bohnen gerade gar sind. Die Bohnen durch ein Sieb abgießen und etwas ausdampfen lassen. Die Kerne der Ackerbohnen aus den Hülsen drücken.

3. Butter und Haselnussöl in dem leeren Topf erhitzen, ohne Farbe nehmen zu lassen. Die Bohnen in den Topf geben und mit Petersilie bestreuen. Gründlich vermischen und mit Salz abschmecken.

4. Die Bohnen in eine Schüssel geben und entweder als Hauptspeise, zu Pasta oder als Beilage zu gegrilltem Fleisch oder kaltem Aufschnitt servieren.

Frittierte Zucchiniblüten

Zucchiniblüten zu bekommen ist wie ein Sechser im Lotto. Man kann sie zuerst füllen oder so frittieren, wie sie sind. Johanna frittiert sie am liebsten pur und steckt sie mit etwas Salz bestreut in den Mund: »Ich sage oft, dies oder jenes sei mein Lieblingsessen, aber frittierte Zucchiniblüten sind wirklich das Beste, was ich kenne!«
Die Blüten eine Weile auf ein weißes Geschirrtuch legen und ggf. von Insekten befreien. Anschließend kurz mit kaltem Wasser abspülen und auf Küchenpapier trocknen. Dann wie links beschrieben frittieren.

MEHR GESCHMACK FÜR DIE BOHNEN!

Vermischt die Bohnen (s. oben) mit einer oder mehreren fein gehackten Knoblauchzehen und streut geröstete, gehackte Haselnüsse und fein gewürfelte, gebratene Brotcroûtons darüber.

Gemüsegratin

Ein leichtes, frisches Gratin mit einer leckeren Sauce, die zum Gemüse passt, wenn es am allerbesten schmeckt – also im Spätsommer und frühen Herbst. Ihr könnt natürlich auch anderes Gemüse verwenden, solange es sich um besonders schöne Exemplare handelt und ihr sie auf den Punkt gart.

ERGIBT 8 KLEINE PORTIONEN

3–4 Tomaten
¼ frischer Weißkohl
3–4 Rote Beten
3–4 frische Zwiebeln oder Frühlingszwiebeln (oder 1 Stange Lauch)
Salz (1 TL pro Liter)

FÜR DIE KÄSESAUCE:

300 ml Sahne
100 g geriebener kräftiger, lange gereifter Käse
Frisch gemahlener schwarzer Pfeffer
Ca. ½ TL Salz
Frisch geriebene Muskatnuss

1. Die Tomaten putzen und in Scheiben schneiden. Den Strunk des Weißkohls entfernen und das Viertel in kleinere Stücke schneiden. Rote Bete schälen und in Scheiben schneiden. Zwiebeln schälen bzw. Frühlingszwiebeln putzen und grob zerkleinern.

2. Weißkohl und Zwiebeln im selben leicht gesalzenen Wasser kochen. Die Rote Bete in einem anderen Topf kochen. Das Gemüse in einem Sieb abtropfen und abkühlen lassen. Zusammen mit den Tomaten in mehreren Reihen in einer ofenfesten Form verteilen.

3. Den Ofen auf 225 °C vorheizen.

4. Die Sahne unter vorsichtigem Rühren in einem Topf mit dickem Boden um ca. ⅓ einkochen. Den Käse einrühren und mit Salz, Pfeffer und Muskat abschmecken. Die Menge an Salz hängt davon ab, wie salzig der Käse ist.

5. Die Sauce über das Gemüse gießen. Es muss nicht komplett davon bedeckt sein. In den Ofen stellen und ca. 15 Minuten gratinieren, bis die Oberfläche leicht goldbraun ist.

Country Mushroom Crumble

– Pilze mit Streuseldecke

Dies ist ein herzhafter britischer »Crumble« mit mildem, feinem Geschmack. Geizt nicht mit dem Salz, die Pilze brauchen es, um ihr volles Aroma zu entfalten.

ERGIBT 4 VORSPEISENPORTIONEN

Ca. 300 g wilde Waldpilze (z. B. Steinpilze oder verschiedene Täublinge)
1 geschälte Zwiebel
1 geschälte Knoblauchzehe
150 g Haselnüsse + 1 EL grob gehackte Haselnüsse zum Bestreuen
2 EL Butter + 50 ml zerlassene Butter zum Bestreichen
2 EL fein gehackte Petersilie + 1 EL extra
1 EL fein gehackter Schnittlauch
Salz und frisch gemahlener weißer Pfeffer
2 EL Semmelbrösel

1. Die Pilze putzen und Hüte und Stiele trennen. Alle Pilzstiele und ⅓ der Hüte in einem Mixer oder mit einem Stabmixer pürieren. Beiseitestellen. Zwiebel und Knoblauch ebenfalls mixen. Auch die Haselnüsse zerkleinern und beiseitestellen.

2. Zwiebel und Knoblauch in einer Pfanne in 2 EL Butter dünsten, bis sie aromatisch duften. Die gemixten Pilze zufügen und unter Rühren 5 Minuten bei mittlerer Hitze braten.

3. Mit Petersilie und Schnittlauch bestreuen und mit Salz und Pfeffer würzen. Ein paar Minuten braten. Mit Semmelbröseln bestreuen. Umrühren und mit den zerkleinerten Nüssen vermengen. Im Kühlschrank abkühlen lassen.

4. Die Pilzhüte mit der Mischung füllen. Mit der Füllung nach oben in eine kleine gefettete, ofenfeste Form stellen. Die gefüllten Pilzhüte mit zerlassener Butter bestreichen. Entweder im Ofen bei 225 °C 5 Minuten backen oder in der Mikrowelle ca. 1 Minute erhitzen.

5. Mit gehackten Nüssen und Petersilie bestreuen und servieren.

Rhabarbermarmelade
mit Ingwer

Diese leckere Rhabarbermarmelade erfordert ein Minimum an Arbeit, braucht aber mindestens eine Nacht Zeit, in der die Früchte richtig viel Wasser ziehen können. Wenn ihr eure erste Portion probiert habt, werdet ihr süchtig werden – versprochen!

ERGIBT CA. 1 L

1 kg Rhabarber
3 EL süß eingelegter Ingwer
1 Bio-Zitrone
850 g Zucker

1. Den Rhabarber putzen und in dünne Scheiben schneiden. Den Ingwer fein hacken. Die Zitrone waschen und die äußerste Schale fein abreiben. Anschließend die Zitrone in dünne Scheiben schneiden.

2. Den Rhabarber mit Zucker, Ingwer und Zitrone in einer großen Schüssel vermengen. Über Nacht stehen und Wasser ziehen lassen.

3. Den Rhabarber in einen Topf füllen und bei nicht allzu starker Hitze ca. 1 Stunde köcheln lassen. Die Marmeladenprobe machen: Einen Klecks auf einen Teller geben und ein paar Minuten in den Kühl- oder Gefrierschrank stellen. Ist die Marmelade fertig, hält sie zusammen und verläuft nicht auf dem Teller.

4. In sterilisierte Gläser füllen. Im Kühlschrank aufbewahren, dann hält sich die Marmelade ein paar Monate.

Stachelbeermarmelade

Wer einen Stachelbeerstrauch im Garten hat, kann sich glücklich schätzen! Stachelbeeren sind vielleicht nicht so lecker, wenn man sie direkt vom Zweig isst, aber wie herrlich schmecken sie in Marmelade, Kompott oder Kuchen.

ERGIBT CA. ½ L

500 g geputzte rote Stachelbeeren
1 Vanilleschote, der Länge nach aufgeschlitzt
300 g Zucker
Abrieb von ½ Bio-Zitrone

1. Stachelbeeren und Vanilleschote mit 50 ml Wasser aufkochen und 5–10 Minuten köcheln lassen. Zucker und Zitronenabrieb zufügen. 10–15 Minuten kochen lassen. Abschäumen und die Vanilleschote entfernen. Die Marmeladenprobe machen: Einen Klecks auf einen Teller geben und ein paar Minuten in den Kühl- oder Gefrierschrank stellen. Ist die Marmelade fertig, hält sie zusammen und verläuft nicht auf dem Teller.

2. Etwas abkühlen lassen. Umrühren und in sterilisierte Gläser füllen.

Blaubeermarmelade
mit Vanille

Supereinfach zu machen und wahnsinnig lecker. Eine Erinnerung an den Sommer, die lange anhält.

ERGIBT CA. 1 L

600 g Blaubeeren
380 g Gelierzucker
1 Vanilleschote, der Länge nach aufgeschlitzt

1. Die Blaubeeren waschen und mit Zucker und der Vanilleschote in einem Topf erhitzen. Ab und zu umrühren und 3–4 Minuten kochen lassen. Den Topf vom Herd nehmen. Die Marmelade abschäumen und die Vanilleschote entfernen.

2. Die Marmelade in sterilisierte Gläser füllen. Sofort verschließen und die Gläser kühl aufbewahren. Die Marmelade hält sich dann ein paar Monate.

Himbeermarmelade

Die Blaubeeren durch Himbeeren ersetzen und statt Vanille den Abrieb von 1 Bio-Limette zufügen.

Gooseberry Fool

Dies ist ein klassisches britisches Dessert – Stachelbeerkompott, aufgeschichtet mit Schlagsahne oder Vanillecreme.

ERGIBT 4–6 PORTIONEN

420 g frische, reife Stachelbeeren
(oder 300 ml Stachelbeermarmelade, s. S. 148)
150 g Zucker
¼ l Sahne (oder Vanillecreme, s. S. 153)
Minzblätter oder Stachelbeeren zum Garnieren

1. Die Stachelbeeren putzen und wenn nötig kurz waschen. 400–500 ml Wasser aufkochen und die Beeren zugeben. Ohne Deckel unter Rühren 10–12 Minuten kochen.

2. Den Zucker zufügen, sobald die Beeren weich sind und das Wasser fast vollständig verkocht ist. Wieder aufkochen und 1–2 Minuten sieden lassen, bis sich der Zucker aufgelöst hat. In eine Schüssel geben und abkühlen lassen. In den Kühlschrank stellen.

3. Die Sahne steif schlagen. Das Kompott oder die Marmelade abwechselnd mit der Sahne in hohe Gläser schichten. Mit einer Schicht Kompott beginnen und abschließen. Mit Minzblättern oder ein paar frischen Stachelbeeren garnieren. Nach Belieben einen leckeren Keks darüberbröseln und sofort servieren.

Stachelbeer-Rhabarber-Kompott

Jens' Lieblingskompott, das seine Großmutter jeden Sommer zubereitet hat.

ERGIBT 4 PORTIONEN

240 g geputzte reife Stachelbeeren
2 Stangen Rhabarber (ca. 300 g), in kleinen Stücken
170–250 g Zucker
2 EL Kartoffelstärke + 3 EL kaltes Wasser
Außerdem:
Milch oder Sahne

1. Beeren und Rhabarber mit Zucker und 700–800 ml Wasser aufkochen. 10–15 Minuten köcheln lassen, bis alles weich ist.

2. Kartoffelstärke und Wasser verquirlen und mit einem Schneebesen in das Kompott rühren. Unter Rühren aufkochen und den Topf vom Herd ziehen. Etwas abkühlen lassen.

3. Mit Milch oder Sahne servieren.

ÖLLAMPEN

Hübsche kleine Öllampen könnt ihr schnell selber machen. Sie brennen den ganzen Abend lang, während um euch herum die Dunkelheit hereinbricht.

Ihr braucht: Nagel, Glasflaschen mit Schraubdeckel, Docht, Lampenöl (Speiseöl geht auch)

1. Mit einem Nagel o. Ä. ein Loch in den Deckel machen.

2. Den Docht durch den Schraubdeckel ziehen, sodass er ca. 1 cm heraussteht (s. Foto links).

3. Die Flasche zur Hälfte mit Lampenöl füllen und den Docht ins Öl tauchen. Den Deckel zuschrauben und das Ende vom Docht anzünden.

Vanillecreme

Serviert diese leckere Vanillecreme zu sommerlich frischen Himbeeren oder Blaubeeren. Wenn ihr sie etwas luftiger haben wollt, hebt einfach 200 ml geschlagene Sahne unter die fertige Creme.

ERGIBT 4–6 PORTIONEN

½ Vanilleschote
300 ml Sahne
2 Eigelb
2 EL Zucker
2 EL Maisstärke

1. Die Vanilleschote längs aufschlitzen. Das Mark herauskratzen und mit Schote und Sahne in einen Topf geben. Aufkochen und ein paar Minuten bei geschlossenem Deckel köcheln lassen. Zum Abkühlen beiseitestellen.

2. Die Vanilleschote entfernen und Eigelbe, Zucker und Maisstärke zufügen. Die Creme langsam und vorsichtig unter Rühren erhitzen. Sie darf nicht kochen! Abkühlen lassen.

Kirschlikör

Konserviert den Geschmack des Sommers in einer Flasche! Das Rezept kann auch für andere Früchte und Beeren verwendet werden.

ERGIBT CA. 800 ML

900 g Sauerkirschen mit Kern
425–500 g Zucker
½ Vanilleschote, der Länge nach aufgeschlitzt
75 cl Wodka

1. Die Kirschen waschen und entkernen. 20 Kerne aufbewahren. Die Kerne in einem Mörser zerstoßen. Zusammen mit den Kirschen in ein großes, sauberes Glas geben. Zucker, Vanilleschote und Wodka zufügen.

2. Die Flasche 3 Monate stehen lassen. Den Likör durch ein feines Passiertuch gießen und im Herbst zu Nachspeisen und Keksen servieren.

Schwarzes Johannisbeersorbet

Eines unserer absoluten Lieblingsdesserts. Wenn man richtig reife Schwarze Johannisbeeren bekommt, hat das Sorbet dank des kräftigen Beerenaromas beinahe etwas Stachelbeergeschmack.

ERGIBT 4–6 PORTIONEN

250 g Zucker
500 g frische Schwarze Johannisbeeren (oder TK-Ware, aufgetaut) + frische Schwarze Johannisbeeren zum Garnieren
Evtl. 1 Eiweiß

1. 200 ml Wasser mit dem Zucker aufkochen. Rühren, bis sich der Zucker aufgelöst hat. Ein paar Minuten köcheln lassen und dann vom Herd nehmen.

2. Die Beeren waschen und in das Zuckerwasser geben. 1 Minute kochen. Den Topf vom Herd nehmen und etwas abkühlen lassen. Evtl. das Eiweiß zufügen und alles mit dem Stabmixer fein pürieren. Das Püree durch ein Sieb passieren, um Schalenreste zu entfernen.

3. Sobald die Masse abgekühlt ist, für ca. 20 Minuten in eine Eismaschine geben, bis das Sorbet die richtige Konsistenz hat. Man kann die Masse auch für ca. 4 Stunden in einer Schüssel in den Gefrierschrank stellen und mehrmals pro Stunde umrühren, sodass ein glattes, feines Sorbet entsteht, das nicht voller Kristalle ist.

4. Das Sorbet in gekühlten Gläsern servieren. Dazu schmecken Kekse.

Ät även:
28
alkaliskt Ramlösa

Krebsfest

Der Übergang zwischen Sommer und Herbst ist die Zeit der Flusskrebse – diese herrlichen roten, nach Dill schmeckenden Leckerbissen. Krebse essen die Schweden schon seit dem 16. Jahrhundert, vielleicht sogar noch länger, aber die Mode, sie in Dill gekocht und kalt zu genießen, kam erst während der 2. Hälfte des 19. Jahrhunderts auf. Und das heutige Krebsfest mit Papphüten und allem Drum und Dran entwickelte sich erst in der 1. Hälfte des 20. Jahrhunderts. Davor aß man die Krebse als Vorspeise oder beim Brännvinsbord, dem Vorgänger des Smörgåsbords, oder man veranstaltete Krebsdinner, um das Ende des Sommers einzuläuten. Das waren eher nüchterne Veranstaltungen, ohne besondere Hüte und Laternen.

August Strindberg liebte Krebse und beschrieb, wie und mit welchen Beilagen sie verzehrt wurden. Krebse müssen weiblich sein, fand er, und diese Meinung teilen viele – sie sind oft dicker und haben viel leckereren Krebsrogen.

Kochsud für gefrorene Krebse

Dies ist ein würziger Sud, den man verwenden kann, wenn man gefrorene Krebse noch einmal kochen will. Es gibt hierfür unzählige Rezepte, fühlt euch also frei, zu modifizieren. Und schmeckt den Sud ab, wie ihr wollt.

FÜR 1 KG AUFGETAUTE KREBSE

4 EL Salz
330 ml helles Bier
330 ml dunkles Bier, z. B. Porter
3 EL Zucker
¼ TL Dillsamen
1 Dillblüte zum Garnieren

1. Alle Zutaten mit 2 l Wasser in einem Topf aufkochen. Bei geschlossenem Deckel 10 Minuten sieden lassen.

2. Den Sud über die aufgetauten Krebse gießen. Abkühlen lassen und zum Ziehen 24 Stunden in den Kühlschrank stellen.

3. Die Krebse herausnehmen, auf eine Platte legen und mit der Dillblüte garnieren.

So kocht man Flusskrebse

Dies ist eines von vielen Rezepten zum Kochen von Krebsen, aber es ist das beste, auf das wir bisher gestoßen sind.

ERGIBT 4–6 PORTIONEN

2 kg Krebse

FÜR DEN SUD:
280 g Salz
330 ml helles Bier
330 ml dunkles Bier
6 Zuckerwürfel
1 Strauß Dillblüten
1 EL Dillsamen (optional)

1. Kontrollieren, ob alle Krebse leben. Gut mit kaltem Wasser abspülen.

2. 4–5 l Wasser aufkochen und die Krebse nach und nach kochen, bis sie rot werden.

3. Für den Sud 5 l Wasser mit den übrigen Zutaten, aber nur der Hälfte der Dillblüten, aufkochen. Den Sud bei geschlossenem Deckel 20 Minuten köcheln lassen. Auf ca. 60 °C abkühlen lassen.

4. Die Krebse hineinlegen und im Sud abkühlen lassen. Dabei darauf achten, dass alle Krebse vom Sud bedeckt sind.

5. Die gekochten Dillblüten herausnehmen und neue, frische zugeben. Die Krebse an einem kalten Ort 24 Stunden im Sud ziehen lassen.

6. Die Krebse mit frischen Dillblüten dekoriert servieren. Dazu Schnaps, weiches oder geröstetes Brot, gereiften Käse oder Kräuterkäse reichen.

Krebsmartini

Ein Dirty Martini beinhaltet ein paar Tropfen Krebssud anstelle von Olivenlake. Richtig guten, gekühlten Gin in Martinigläser füllen und ein paar Tropfen Krebssud, einen ganzen Krebs oder eine Krebsschere sowie eine Dillblüte zugeben.

Auf dem Tisch beim Krebsfest

- Krebse, gut 500 g pro Person
- Frische Radieschen und Salz
- Butter
- Gekochte Bohnen (Wachsbohnen, Brechbohnen oder Ackerbohnen)
- Västerbotten-Käse und anderer lange gereifter Käse
- Schweizer Käse wie Gruyère, Emmentaler oder Appenzeller
- Kräuterkäse
- Knäckebrot
- Weiches Brot

Passende Getränke

- Ein gutes Getränk zu den Krebsen lässt sich einfach aus zwei Teilen Lager oder Pils und einem Teil Porter mischen.
- Geeignete Schnäpse sind z. B. Hallands Fläder, Jubiläums Akvavit (online erhältlich) oder andere, die nach Dill, Anis, Fenchel, Kümmel oder Holunderblüten schmecken.
- Als alkoholfreie Alternative eignet sich Mineralwasser oder eiskaltes Wasser mit Holunderblütensirup.

OLA
PER

KREBSHUT UND SNACKTÜTE

Macht eigene Krebshüte aus buntem Papier: Einen Kreis (Ø ca. 35 cm) ausschneiden und dann in zwei Hälften teilen. Jede Hälfte zu einer Tüte formen und die Enden mit einem Hefter oder doppelseitigem Klebeband befestigen. Dann ein Gummiband an der Öffnung festmachen. Wenn ihr den Hut nicht auf dem Kopf tragen wollt, könnt ihr ihn einfach umdrehen und Snacks wie Nüsse, Popcorn oder japanische Reiscracker hineinfüllen.

Bruschetta
mit Tomate und Basilikum

Ein italienischer Klassiker, der gut in den Sommer passt, wenn die Tomaten süß und am aromatischsten sind. Für die spanische Variante reibt ihr das geröstete Brot einfach mit einer Knoblauchzehe und dann mit einer halbierten Tomate ein.

ERGIBT CA. 10 STÜCK

2–3 Strauchtomaten
1 Bund fein gehacktes Basilikum
Olivenöl
Salz und frisch gemahlener schwarzer Pfeffer
1 Sauerteigbaguette, in Scheiben
1 geschälte Knoblauchzehe

1. Die Tomaten waschen, in Spalten schneiden und von Kernen und Stielansatz befreien. Das Fruchtfleisch fein würfeln und mit gehacktem Basilikum, etwas Olivenöl, Salz und Pfeffer vermengen.

2. Die Baguettescheiben in einer trockenen Pfanne, im Ofen oder im Toaster rösten. Falls der Grill gerade an ist, kann man sie auch gut grillen. Die Brote mit der Knoblauchzehe einreiben. Mit etwas Olivenöl beträufeln und die Tomatenmischung daraufgeben.

Bruschetta
mit Edamamecreme, Gruyère und gerösteten Haselnüssen

Eine leckere Bruschetta ist ein guter Start in den Abend. Am besten zu gekühlter Sommerbowle servieren (s. S. 15).

ERGIBT CA. 10 STÜCK

1 Sauerteigbaguette, in Scheiben
Olivenöl
10 Scheiben gut gereifter Gruyère oder anderer würziger Käse
35 g geröstete, fein gehackte Haselnüsse

FÜR DIE EDAMAMECREME:
300 g geschälte Edamamebohnen (TK)
Salz
150 g grüne Erbsen
2 EL fein gehackte Frühlingszwiebeln
2 EL gehackte frische Minze
2–3 EL Olivenöl
2 EL geriebener Parmesan
Frisch gemahlener Pfeffer

1. Die Bohnen in leicht gesalzenem Wasser 4 Minuten kochen. Die Erbsen zufügen und 1 weitere Minute kochen. Das Wasser abgießen und Bohnen und Erbsen in kaltem Wasser abschrecken.

2. Erbsen und Bohnen zusammen mit Frühlingszwiebeln und Minze zu einem glatten Mus mixen. Olivenöl untermischen, umrühren und Parmesan zufügen. Mit Salz und Pfeffer abschmecken.

3. Die Baguettescheiben in einer trockenen Pfanne, im Ofen oder im Toaster rösten. Falls der Grill gerade an ist, kann man sie auch gut grillen. Mit etwas Olivenöl beträufeln. Einen Klecks Edamamecreme und eine Scheibe Gruyère daraufgeben und mit Haselnüssen und nach Belieben mit ein paar essbaren Blüten garnieren (s. S. 40).

Mayonnaise

Mayonnaise könnt ihr ganz leicht selber machen und auf unterschiedliche Arten würzen. Ihr solltet nur daran denken, dass alle Zutaten zimmerwarm und die Eier ganz frisch sein müssen und dass es mit dem Stabmixer sehr viel schneller geht als mit dem Schneebesen. Aber der Mixer ist absolut kein Muss.

ERGIBT CA. 300 G MAYONNAISE

1 Ei oder 2 Eigelb
½ TL Salz
1 TL Dijonsenf
1 EL Weißweinessig
¼ l neutrales Speiseöl (z. B. Mais-, Sonnenblumen- oder Traubenkernöl)

AUSSERDEM:
Salz und frisch gemahlener Pfeffer

1. Alle Zutaten bis auf das Öl in einen Behälter geben. Mit dem Stabmixer rasch vermengen.

2. Das Öl zuerst tropfenweise, dann in einem dünnen Strahl zufügen, dabei weitermixen, bis die Mayonnaise dickcremig ist. Mit Salz und Pfeffer abschmecken. Die Mayonnaise hält sich im Kühlschrank ca. 1 Woche.

MAYO MIT GESCHMACK

Ersetzt Senf und Essig in der Mayonnaise durch 2–3 fein gehackte Knoblauchzehen, dann habt ihr Aioli. Für eine herrliche Chili-Mayonnaise Limettenabrieb und fein gehackte rote Chili zufügen, für eine Kräutermayo eine Menge fein gehackter Kräuter einrühren.

Wachsbohnen

in Butter und Haselnussöl

Für viele sind diese blassgrünen Bohnen ein obligatorischer Bestandteil des Krebsfestes. Die Bohnen sollten kochen, bis sie weich, aber nicht matschig sind. Ihre leichte Süße entwickelt sich nicht richtig, wenn sie in der Mitte noch hart sind. Grüne Bohnen lassen sich auf dieselbe Art zubereiten. Stellt aber sicher, dass keiner eurer Gäste auf Nüsse allergisch ist. In diesem Fall schmecken die Bohnen auch nur mit Butter.

ERGIBT 8 PORTIONEN

600 g Wachsbohnen
Salz
2 EL Butter
2 TL Haselnussöl
2 EL fein gehackte Petersilie

1. Die Bohnen waschen und die Enden abschneiden.

2. 2 l Wasser mit 2 TL Salz aufkochen. Die Bohnen hineingeben und ohne Deckel 10–12 Minuten kochen, bis sie gerade weich sind. Durch ein Sieb abgießen und etwas ausdampfen lassen.

3. Butter und Öl in einem Topf schmelzen, ohne Farbe nehmen zu lassen. Die Bohnen zufügen und mit Petersilie bestreuen. Gut vermischen. Mit Salz abschmecken.

4. Die Bohnen in eine Schüssel geben und servieren.

WINDLICHT

Ein sehr hübsches Windlicht lässt sich leicht selbst machen!

Ihr braucht: 1 Foto oder 1 gepresste Blume (oder etwas anderes Schönes, das zur Tischdekoration passt), japanisches Reispapier, 1 Glas, Kleber, Teelicht

1. Das Motiv mithilfe eines Kopiergeräts auf Reispapier kopieren.

2. Das Papier in die für das Glas passende Größe zuschneiden und an der Außenseite festkleben. Ein Teelicht hineinstellen.

LICHTERKETTE AUS PAPPBECHERN

Wenn ihr ein gutes Verlängerungskabel habt, könnt ihr die schöne Lichterkette auch weit hinten im Garten leuchten lassen.

Ihr braucht: Pappbecher, Weihnachtslichterkette

1. Ein kleines Kreuz in den Boden einer passenden Anzahl hübscher Becher schneiden.

2. Die Lämpchen der Lichterkette durch die Löcher stecken.

3. Die Lichterkette über der Festtafel aufhängen und einschalten.

Västerbotten-Quiche

Eine klassische Quiche mit schwedischem Käse zum Krebsfest, die sich gut am Vortag zubereiten oder frühzeitig einfrieren lässt. Man kann sie wie hier mit Walnüssen, Kräutern und essbaren Blüten oder mit Maränenkaviar, fein gehackter roter Zwiebel, Schnittlauch und saurer Sahne garnieren.

ERGIBT 12 STÜCKE FÜRS BUFFET ODER 8 ALS HAUPTSPEISE

FÜR DEN MÜRBETEIG:
180 g Mehl
½ TL Salz
125 g kalte Butter, in Würfeln
1 Ei

FÜR DIE FÜLLUNG:
4 Eier
300 ml Sahne
100 ml Vollmilch
250 g geriebener Västerbotten-Käse (online oder im gut sortierten Fachhandel erhältlich)
Salz und frisch gemahlener Pfeffer

AUSSERDEM:
50 g Walnüsse
Frische Kräuter (z. B. Oregano oder Thymian)
Essbare Blumen (s. S. 40)

1. Für den Teig Mehl, Salz und Butter mischen, am besten in der Küchenmaschine oder mit dem Mixer. Das Ei zufügen und alles rasch zu einem Teig vermengen. Den Teig in eine Quicheform (Ø 24 cm) drücken. Im Kühlschrank ca. 30 Minuten ruhen lassen. Man kann den Teig auch ein paar Tage im Voraus machen und in der Form im Gefrierschrank aufbewahren.

2. Die Walnüsse auf einem Backblech verteilen und in den kalten Ofen stellen. Den Ofen auf 200 °C anheizen. Nach ca. 15 Minuten die gerösteten Nüsse herausnehmen, den Ofen eingeschaltet lassen. Den Teigboden der Quiche mit einer Gabel einstechen und 10–15 Minuten vorbacken.

3. Die Eier in eine Schüssel schlagen und mit Sahne und Milch verquirlen. Den geriebenen Käse zufügen und mit Salz und Pfeffer würzen. Die Füllung auf den Teigboden gießen und die Quiche im unteren Teil des Ofens 25–30 Minuten backen. Sie ist fertig, wenn die Füllung gestockt und goldbraun ist.

4. Die Quiche mit gerösteten Walnüssen, Kräutern wie Oregano oder Thymian und mit essbaren Blüten garnieren. Lauwarm servieren.

Rosenbrötchen im Blumentopf

Für jeden Gast ein kleiner mit Brot gefüllter Blumentopf als Tischkarten-Ersatz. Auf einem Tontopf lässt sich mit normaler Tafelkreide schreiben. Die Rosenbrötchen kann man natürlich auch ohne Topf backen, dann kann man mehr und etwas kleinere Brötchen machen. Für dieses Rezept braucht ihr 16 kleine Blumentöpfe (Ø ca. 6 cm).

ERGIBT CA. 16 BRÖTCHEN

50 g Butter + plus etwas extra
½ l Vollmilch
50 g Hefe
1 TL Salz
720–780 g Weizenmehl
1 Ei
Mohnsamen

1. Die Butter in einem Topf zerlassen und die Milch zufügen. Die Mischung leicht erwärmen (auf ca. 37 °C).

2. Die Hefe in eine Schüssel bröseln und in etwas Milchmischung auflösen. Die restliche Milch, Salz und Mehl zufügen und alles mit den Händen oder in der Küchenmaschine zu einem glatten, homogenen Teig verarbeiten. Den Teig unter einem Geschirrtuch 30 Minuten gehen lassen. Währenddessen die Blumentöpfe in kaltem Wasser einweichen.

3. Die Innenseite der Töpfe buttern. Den Teig in 16 Stücke teilen. Jedes Stück zwischen den Handflächen zu einer gleichmäßigen Kugel rollen. Die Kugeln in die Blumentöpfe legen und weitere 30 Minuten gehen lassen.

4. Den Ofen auf 225 °C vorheizen.

5. Die Brötchen mit verquirltem Ei bestreichen und mit Mohn bestreuen. Auf der mittleren Schiene des Ofens 12 Minuten backen. Auf einem Gitter abkühlen lassen.

QUICHE-VARIANTE

Die Quiche schmeckt auch sehr lecker, wenn man in Butter gebratene kleine Pfifferlinge mit in die Füllung gibt.

Karos Melonensalat

Unsere Freundin Karolina ist eine Meisterin der Obstsalate. Dieser einfache und superfrische Sommerobstsalat gehört zu ihren Paradegerichten, und wir klinken uns gern ein!

ERGIBT 6 PORTIONEN

1 Galiamelone
1 Honigmelone
Abrieb und Saft von 1 Bio-Zitrone
1 Granatapfel
1 EL fein gehackte Minze

1. Die Melonen halbieren und von Kernen befreien. Das Fruchtfleisch mit einem Kugelausstecher (falls vorhanden) ausstechen, ansonsten in kleine Würfel schneiden.

2. Die Zitrone mit lauwarmem Wasser abwaschen. Die Schale abreiben und den Saft auspressen. Beides mit den Melonen vermischen.

3. Den Granatapfel halbieren und die Kerne auslösen. Die Melonen mit Granatapfelkernen und Minze vermengen.

Krebsdesserts

Traditionell isst man nach den Krebsen Melone mit Portwein. Eine etwas festlichere Variante ist, Cantaloupe-Melonenkugeln, frische Himbeeren und Himbeer- oder Holundersorbet in hohen Gläsern zu vermischen und eiskalten Schaumwein darüberzugießen – das schmeckt schön erfrischend nach dem salzigen Essen.

Eine andere einfache und schöne Möglichkeit, das Krebsfest abzurunden, ist, Kekse und Obst sowie eine Auswahl edler Liköre als einfaches Dessertbuffet hinzustellen.

Surströmming

In einem Großteil der Welt kennt man den schwedischen Surströmming – als etwas, das ekelerregend riecht. Aber wenn die Dosen einmal geöffnet sind und sich der Geruch ein wenig verzogen hat, schmeckt dieser fermentierte Fisch richtig lecker. Man kann daraus ein traditionelles Tunnbrödsandwich machen und oder ihn mit saurer Sahne, rohen Zwiebeln, neuen Kartoffeln oder Molkebutter essen.

Früher wurde der Strömling vergoren und direkt aus der Tonne verkauft, aber aus praktischen Gründen wird er schon seit Langem in Dosen konserviert. Surströmming wird von Gävle im südlichen Norrland bis Kalix im Norden produziert, die wichtigsten Hersteller sitzen um Ulvön an der Höga Kusten.

Früher hat man in Schweden viel Fisch fermentiert. Schon aus dem 14. Jahrhundert gibt es Belege dafür, dass man Lachs, Rotauge und anderen Fisch in der Erde vergrub, weil man nicht den ganzen Fang mit nach Hause nehmen konnte. Man setzte dem Fisch nur äußerst geringe Mengen des teuren Salzes zu, bevor er vergraben wurde, damit er durch Milchsäuregärung haltbar gemacht wurde. Die gleiche Methode wird beim Surströmming noch heute angewandt.

Ein Surströmmingsandwich macht man so: Den Surströmming filetieren (oder Filets kaufen) und in Stücke schneiden. Dann ein dünnes Fladenbrot oder Knäckebrot mit Butter bestreichen. Scheiben von gekochten neuen Kartoffeln (manche zerdrücken sie auch) und Surströmmingstücke darauflegen. Mit gehackten roten Zwiebeln bestreuen und evtl. einen Klecks saure Sahne daraufgeben. Manche legen auch eine dünne Scheibe Västerbotten- oder anderen lange gereiften Käse darauf. Andere nehmen braune anstelle von roten Zwiebeln. Dazu am besten einen Schnaps oder ein kaltes Bier genießen.

Register

Unser allerherzlichster
und sommerlichster

Dank

gilt

Ulrika Pousette, unserer tollen, begabten Fotografin
(und danke dem kleinen Nelson, der mit auf der Reise war)
Emilie Crispin Ekström, der besten und liebsten Layouterin
Der wunderbaren Pia Koskela für all die schönen Collagen
Dem dynamischen Duo von Bonnier Fakta, Anna Paljak und Kerstin Bergfors
Dem kleinen Bruder Oscar und seiner Frau Lina aus Mårdstorp für Tiere
zu Land und zu Wasser und für herrliche, schöne Tage auf dem Hof!
Erry und Sten Linder für die Tage im Garten und am Fluss in Trosa
Allan und Inger, Oscars Nachbarn, für das Ausleihen ihrer hübschen
engen Küche
Karolina für das leckere Melonensalat-Rezept!
Rosendals Trädgårdar für die schönen Blumen
Gustaf Mellbin für die Bademütze
Cazami für das Leihen des schönen Silbers
Retro Etc für das Leihen von Tabletts und anderer hübscher Dinge
Uppåt Väggarna Second Hand auf Södermalm und Tranås Antik &
Inredning für das Leihen von Gläsern und Geschirr
Der lieben Ylva Porsklev für Frittier-Ratschläge
Mit solchen Topkollegen ist Arbeiten wie ein Sommerurlaub!
Und ein großes sonniges Dankeschön auch an unsere lieben Familien,
die Probe essen, uns zur Seite stehen und uns auch dann aushalten,
wenn wir wirklich Urlaub haben.

Die Originalausgabe ist 2014 im Schwedischen bei Bonnier Fakta erschienen unter dem Titel: »Semester. Från försommarfest till kräftskiva«
Text © Jens Linder, Johanna Westman 2014
Fotos Ulrika Pousette, Collagen Pia Koskela
Übersetzung © Hölker Verlag im Coppenrath Verlag GmbH und Co. KG, übersetzt unter Lizenz von Bonnier Fakta

5 4 3 2 1 19 18 17 16 15
978-3-88117-980-5
Übersetzung: Julia Gschwilm
Lektorat: Christin Geweke
Redaktion: Kathrin Nick
Satz: typocepta, Köln

www.hoelker-verlag.de